知的生きかた文庫

JN080430

知れば知るほど得する税金の本

出口秀樹

三笠書房

はじめに――知らないと損する!? 変わり続ける税金の世界

令和5年10月1日より「適格請求書等保存方式」、いわゆる「インボイス制度」がスタートしました。

この制度の内容は、本編において解説していきますが、事業者にとっては大変負担が大きい制度であるとともに、結果として消費税負担も増える制度とされています。

そもそも消費税が日本に導入されたのは、平成元年のこと。その導入には長い年月と紆余曲折がありました。日本の消費税は、国際的に見ても独自の方式といわれています。つまり、税額の計算を帳簿上で行う、帳簿方式を採用していたからです。欧州各国をはじめアジアにおいても、そのほとんどがインボイス方式を採用しており、帳簿方式は国際的にみても珍しいといわれているのです。

この帳簿方式では、課税漏れが多くなる傾向があることから、今回のインボイス制度へと舵を切ったのですが、制度の内容を見ていくと、中途半端な制度であることは否めません。

過去30有余年続けてきた帳簿方式を残しつつ、一部インボイス方式を取り入れる日本型インボイス方式は、経理や税務の現場にいる人間にとっては面倒な制度という感覚しかないといっても過言ではないでしょう。

一方、このインボイス制度は消費者にとってどのような意味を持つのでしょうか。実は、消費者にとってインボイス制度の導入により、変わることはほとんどありません。ただ、受け取る請求書等の様式が少し変わったり、変わらないものもあったりということくらいです。

インボイス制度のほかに令和6年度税制改正では、所得税減税や法人税関連の改正事項が予定されています。それら減税措置といわれるものの多くが期間限定のもので、子育て世代への配慮がキーワードとなっています。

本書『知れば知るほど得する税金の本』も、大きな改訂は今回で6回目を迎えます。

今回のインボイス制度の導入については、消費者の方にはそれほど影響はないものの、改訂版を出版するにあたり、ある程度の紙面を割くことにしました。理由は、現在一番身近な税である消費税の根幹となる部分の改正内容を知ることは、生活の中ではそれほど必要ではなくとも、税の理解と教養という部分では欠かせないと考えたからです。

もちろん、今回の改訂版では、国民生活全般に影響する税金の内容について網羅的に解説をしていきます。

注目の改正点の一例を挙げると、贈与の制度は令和6年1月1日より大きく変わります。従来から贈与税対策をしている方は多いと思いますが、従来のやり方をそのまま利用し続けてもよいかどうか検討しなければならない内容になっています。

また、税の実務的な部分としては、ここ数年スマホ申告機能の大幅な向上が注目点です。このように、今回も身の回りにある様々な税金について、その内容、節税法などをわかりやすく解説しました。

やがて訪れる可能性の高い〝大増税時代〟に備え、本書が皆様の生活の一助になることを願っています。

雪が舞う札幌にて

出口　秀樹

もくじ

3章

知っておきたい税金の基本の基本

4章

サラリーマンでもできる！ 毎年の所得税を少なくする方法

5章

お金が貯まる人はここが違う！ 金融投資にかかる税金と節税

6章

知らないと損をする！ 不動産 買う時・売る時

7章

ここで差が出る! 起業・副業の節税18の方法

8章

これで安心！ 税金を賢くおさえる相続と贈与の知恵

図版作成 株式会社ユーホーワークス

本書は、2024年1月現在の法律、制度などの情報に基づき編集しています。
本書記載の内容は変更されることもありますので、最新情報は
当該の役所や関係機関の窓口・ウェブサイトなどでご確認ください。

1章

スマートフォンで個人所得税の確定申告

1 スマートフォンで申告してみよう

移動の際に電車に乗ると、乗車しているほとんどの人が行っている〝あること〟に気付きます。その〝あること〟とは、90%以上の人がスマートフォンの画面を眺めていること。メール、インターネット、SNS、動画、電子書籍など、それぞれがスマートフォン（以下、スマホ）を眺め、自分の好きなことをしているのです。いわゆる携帯電話としての電話機能を使うことはあまりありません。

一方でスマホ依存の問題で、スマホ脳という言葉も巷《ちまた》では聞くようになりました。しかし、何かわからないことが出てきたときに、スマホで調べれば即座にそれなりの回答を得られるのは大変便利です。

実は、税金の世界でもスマホの利用は進んでおり、個人の確定申告についても本格的にスマホを利用して行えるようになっています。

具体的には、国税庁HPの「確定申告書等作成コーナー」が、スマホ・タブレットに最適化したデザイン画面となり、このサイトを利用して、所得税の確定申告書が作成できます。

スマホ申告というとハードルが高いように感じますが、手続き自体はかなり簡便化されているので、ぜひ利用してほしいものです。

ここではスマホ申告をするにあたって、基本的な部分を説明していきます。

まず、押さえていただきたいのは、スマホ申告を行うために次の2つの方法があるということです。この2つの方法のどちらでも申告することはできますが、最初にどちらで申告するかを決めなければなりません。申告方法によって準備する手順が若干異なりますので、注意が必要です。

マイナンバーカード方式

マイナンバーカードを利用してe‐Taxを行う方法です。

この方法はマイナンバーカードに記録されている個人情報を申告書データに添付することによって、個人を特定することができるというものです。この手続きにはマイナンバーカードの取得が必要です。マイナンバーカードの取得については住民票のある市区町村の役場で取得することになりますが、手続きはそれほど難しくありません。

ID・パスワード方式

「ID・パスワード方式の届出完了通知」に記載されたe-Tax用のID・パスワードを利用してe-Taxを行う方法です。この方法では、マイナンバーカードは不要です。「ID・パスワード方式の届出完了通知」の発行は、税務署で職員による本人確認（運転免許証など本名確認書類の提示）を行った上で発行しますので、申告する際には事前に税務署に行く必要があります。

いずれの方法も事前準備が必要になりますが、一回、準備を行えば、そのあとは基本的にスマホから申告することができますので大変便利です。

事前準備については、次の項目で詳しく見ていきます。

２ スマホ申告するために準備するもの

スマホ申告をしようと思っても何が必要なのかがわからなければ手続きをすることはできません。ここでは、スマホ申告に必要な〝もの〟や〝こと〟を見ていきます。

スマホまたはタブレット端末

スマホ申告に必要なものの第一はスマホまたはタブレット端末です。スマホのマイナンバーカード方式によるｅ‐Ｔａｘ送信は、令和3年1月からＡｎｄｒｏｉｄ端末でもｉＰｈｏｎｅ端末でも、マイナポータルＡＰ（アプリ）のインストールのみで可能となりました。

また、マイナンバーカード方式で申告する場合、マイナンバーカードを読み取る必要があります。

スマホやタブレット自体に読み取り機能があれば問題はないのですが、読み取り機能がついていない場合にはＩＣカードリーダー・ライターが別に必要となります。

これは家電販売店などで購入できますが、最近はほとんどのスマホ機種に読み取り機能はついていますので、あまり問題とはならないでしょう。

マイナンバーカード

本書第3章で詳しく解説しているマイナンバーですが、個人情報をＩＣチップに搭載したカードがマイナンバーカードといわれるものです。マイナンバーカードの取得は各市区町村役場で行うことになります。

ＩＤ・パスワード方式を利用する場合、マイナンバーカードは必要ありませんが、今後の利便性を考えると、マイナンバーカードを取得することをお勧めします。

また、マイナンバーカード方式での申告の場合、**利用者証明用電子証明書のパスワード、署名用電子証明書のパスワードの暗証番号が必要**になりますので、申告前には確認をしておくと良いでしょう。

ＩＤ・パスワード方式の届出完了通知

こちらはＩＤ・パスワード方式の場合に必要なもので、マイナンバーカードとＩＣ

カードリーダー・ライターは不要です。

「ID・パスワード方式の届出完了通知」の発行は、税務署で職員による本人確認を行った上で発行されるので、**運転免許証などの本人確認書類を持参の上、税務署に事前に行く必要**があります。

ただし、このID・パスワード方式はマイナンバーカード及びICカードリーダー・ライターが普及するまでの暫定的な対応とされています。

今後の利便性も含め、マイナンバー方式でのスマホ申告を検討されると良いと思います。

3 スマホ申告の手順1

では、具体的にスマホ申告の手順を見ていきましょう。

具体的な手順を見る前に、令和4年分申告でスマホ申告ができる所得の種類と所得控除、税額控除の種類を見ていきます。

次ページ図1にある通り、所得の種類に関しては、給与所得、雑所得、一時所得、不動産所得、事業所得さらには特定口座の上場株式等譲渡所得や配当所得と上場株式等の譲渡損失額（前年繰り越し分）についても対応しています。

納税者の大多数が給与所得者であることや確定申告をする必要がある年配者が年金受給者だということ、さらに事業者と不動産賃貸業者もカバーしており、特定口座の株式の譲渡・配当にも対応していることで、ほとんどの納税者に対応できると思われます。

図1に掲げている所得以外の所得がある人については、スマホでは申告できません

図1：スマホ申告対象の収入・所得控除・税額控除など（2023年現在）

対象所得	事業所得
	不動産所得
	給与所得（年末調整済み1カ所、年末調整未済、2カ所以上に対応）
	公的年金等、その他の雑所得（副業の収入など）
	一時所得
	特定口座年間取引報告書（上場株式等の譲渡所得等・配当所得等）
	上場株式等の譲渡損失額（前年繰越分）
所得控除	すべての所得控除
税額控除	政党等寄附金特別控除
	災害減免額
	外国税額控除
その他	予定納税額
	本年分の繰越損失額

（注）2023年提出分の確定申告より、確定申告書等作成コーナーで青色申告決算書・収支内訳書を作成する場合に限り、事業所得と不動産所得もスマホから申告できる対象になりました。（国税庁HPより加工）

ので、パソコンを使った申告か紙での申告をすることになります。

また、所得控除についてはすべての所得控除、税額控除については政党寄附金特別控除と災害減免についての控除ができます。

税額控除については、利用する人が多い住宅ローン控除についてもスマホで申告することができるようになっています。毎年内容がアップデートされているので、常に情報はチェックしておくと良いでしょう。

さて、話をスマホ申告の手順に戻しましょう。

前項目のスマホ申告するための必要な準備が整い、スマホ申告の対象となる所得や所得控除であることを確認したら、次は所得税を確定申告するための書類の収集をしなければなりません。具体的な書類は次の書類です。

- 源泉徴収票（給与または年金）
- 各種控除証明書
- 領収書など

これらの書類を揃えるのは、従来の所得税確定申告においても同様ですので、一度申告をしたことがある方ならわかるはずです。スマホで申告するとしても必要書類は変わりません。

ただし、今まで必要だった書類のうち一部、自動的にデータ連携できるケースもあります。

連携をするためには、マイナポータルといって、政府が運営するオンラインサービスに利用者登録を行う必要があります。登録をするとｅ‐Ｔａｘとデータ連携を行うことができ、マイナポータル経由で控除証明書などの必要書類データを一括で取得し、該当の項目を確定申告書に自動で入力ができます。

現在は、1年間分の医療費通知情報や公的年金等の源泉徴収票、社会保険料（国民年金保険料）控除証明書も、マイナポータル連携ができるようになっています。

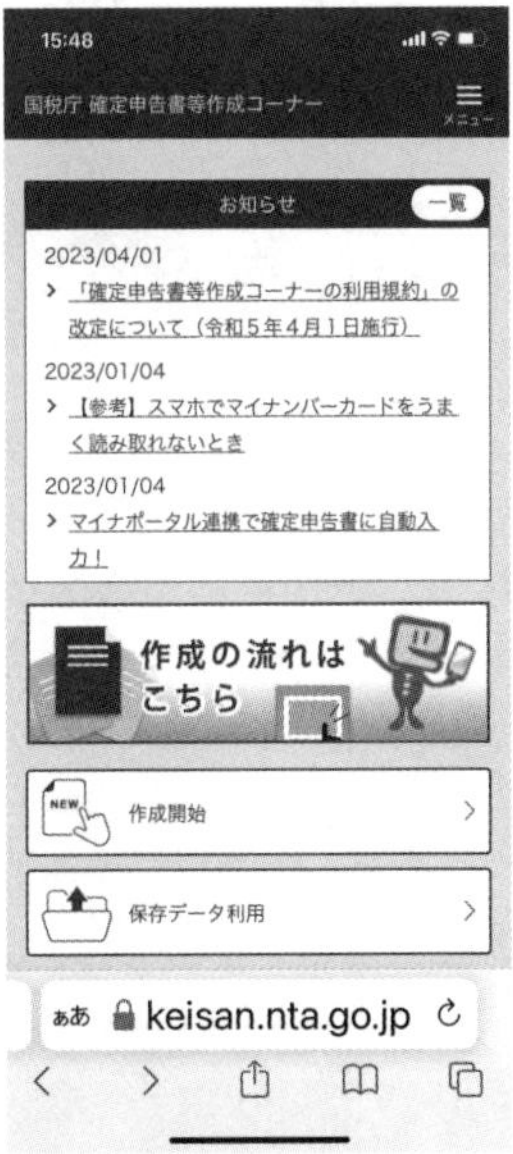

国税庁確定申告作成コーナー
（出典：国税庁ホームページ）

4 スマホ申告の手順2

1 「確定申告書等作成コーナー」で作成開始する

スマホを使って、国税庁の「確定申告書等作成コーナー」にアクセス（自動的にスマホ対応の画面にとびます）。そこから「作成開始」をタップします。

2 「申告内容に関する質問」に「はい」「いいえ」で答える

申告について必要な質問が自動的に画面上に出てくるので、「はい」または「いいえ」で答えていきます。そして、提出方法（マイナンバーカード方式、ＩＤ・パスワード方式、書面）を選択します。

なお、マイナンバーカード方式の場合、従来はｅ-Ｔａｘアプリなど複数のアプリのインストールが必要でしたが、２０２１年からはマイナポータルＡＰ（無料）のインストールを行うだけでできるようになりました。

3　利用規約を確認する

利用規約を開いて確認し、「同意して次へ」をタップします。

4　マイナンバーカードの読み取りまたは利用者識別番号を入力

マイナンバーカード方式の場合には、マイナンバーカードを読み取ります。読み取り機能がついているスマホはそのまま読み込むことが可能ですが、機能がない場合にはカードリーダー・ライターを接続して読み取ることになります。

ＩＤ・パスワード方式の場合には、「ＩＤ・パスワード方式の届出完了通知」に記載されている利用者識別番号を入力してｅ‐Ｔａｘにログインします。

5　源泉徴収票の情報を入力する

源泉徴収票を見ながら、「支払金額」「所得控除の額の合計額」などを入力します。

ここからの入力については、画面の指示に従って入力を進めれば良いので、それほど難しいことはありません。準備した書類に記載されている数字や文字を正確に入力していきます。給与所得の源泉徴収票については、スマホのカメラで読み取ると、支払金額など申告に必要な情報が自動的に読み取られ、データとして反映されます。とても便利な機能なので利用すると良いでしょう。

6　控除について入力する

医療費控除や寄附金控除などの所得控除を受ける場合には、指示に従って情報を入力します。こちらも受けたい控除を選択し、その内容を入力していくことになります。マイナポータル連携機能を使うと、医療費などの控除のデータについても自動的に申告に反映されます。この場合、修正や補正、追加を手入力することになります。

7　本人情報を入力する

氏名や生年月日を入力します。

8　申告データを送信または申告書を印刷する

ｅ‐Ｔａｘで申告する場合には、指示に従って申告データを送信または印刷します。

また、ＰＤＦでの保管もできるので利用すると良いでしょう。ここで紙に印刷して申告書を作成することもできます。

9　受付結果を確認する

ｅ‐Ｔａｘで申告まで完了させる場合、「送信成功しました」というメッセージが出てくれば送信完了です。

スマホ申告といっても、従来からある国税庁のＨＰにある「確定申告書等作成コーナー」をスマホ用に変換したものなので、パソコンで申告書を作成したことのある人にとっては、特別難しいものではありません。

ただ、スマホ用に「はい」「いいえ」で回答すれば必要な情報の入力ができるよう設計されているため、はじめて申告書を作成する人にとってもわかりやすいつくりとなっています。その反面、「はい」「いいえ」での回答で進めるため、質問項目が多くなる傾向があります。ただ、いくら時間がかかるといっても、税務署まで行って長時間待たされた上で申告することを考えれば、本当にあっという間に終わると思います。

短気を起こさず粘り強く入力することが大切です。

5 スマホ申告のこれから

現在、スマホ申告には、マイナンバー方式とＩＤ・パスワード方式の２つの方法があります。このうちＩＤ・パスワード方式はマイナンバーカードやそれを読み取るためのスマホまたはカードリーダー・ライターが不要であるため、なんだか簡単にできそうなイメージもあります。

しかし、このＩＤ・パスワード方式は当面の間の措置ですので、最終的にはマイナンバーカード方式が残ると予想されています。

どうしてマイナンバー方式を残したいのでしょうか？

マイナンバーカードの普及のためでしょうか？

ある面ではマイナンバーカードの普及という点もあると思いますが、マイナンバー方式には将来的な利点があるのです。それは、**マイナポータル連携**といわれているものです。

マイナンバーカードと紐づいている個々人のマイナポータルには個人が持っている

図2：マイナポータル連携による税務手続きの簡便化

年末調整手続

		現状	簡便化後
従業員	控除証明書等	・書面(ハガキ等)で受け取り ・必要な時期まで保管(紛失した場合、再発行を依頼)	・控除申告書作成の際にデータで一括取得
	控除申告書（保険料控除申告書等）	・手作業で作成	・所定の項目に自動入力
勤務先		・従業員から提出された控除証明書のチェック等 ・書類を保管	・検算等の作業が簡素化 ・書類の保管は不要(データで保存)

所得税確定申告手続

		現状	簡便化後
納税者	控除証明書等	・書面(ハガキ等)で受け取り ・必要な時期まで保管(紛失した場合、再発行を依頼)	・確定申告書作成の際にデータで一括取得
	確定申告書	・手作業で作成	・所定の項目に自動入力

税金や社会保険に関する様々な情報が自動的に蓄積されているのです。そのため、証明書を紙で保管しなくても、マイナポータルにある情報を転用するだけで確定申告が可能となるのです。

この仕組みは個人所得税の確定申告だけではなく、サラリーマンの年末調整の作業でも利用することができます。

令和5年1月以降連携できる情報が増えています。医療費控除の1年分のデータ、公的年金等の源泉徴収票、国民年金保険料は自動入力が可能になっています。ふるさと納税のデータは既に連携可能ですし、生命保険料控除、地震保険料控除、株式の特定口座、住宅ローン控除関係についても一部連携可能です。

このうち、たとえば生命保険の証明書の場合、マイナポータルの連携は、マイナポータル連携に対応している保険会社が、個人のマイナンバーあてにその年の控除証明書データを個々人のマイナポータルあてに送信します。個人は申告の際にはそのデータを自動で申告書に反映させることができます。

対象となる保険会社もぞくぞくと増えているので、将来的にはほぼすべての保険会社について連携ができると考えられます。

このほか給与所得の源泉徴収票、ｉＤｅＣｏ、小規模企業共済等掛金などの連携も予定されており、ますます便利に利用することができます。

マイナンバーカードの取得については、面倒な割にメリットがないなどの理由から取得を見送る方がたくさんいました。しかし税務手続きを考えると、マイナポータル連携を利用することで確定申告の簡便化が可能となりますので、利用を検討してみてはいかがでしょうか？

2章

増税されても困らない！
消費税の基礎知識

6 知っておきたい消費税の仕組み①

「消費税」は国民にとって、一番身近な税金といえるでしょう。私たちは、ほぼ毎日何らかの形で消費税を支払っていますが、納税はしていません。

では、消費税はいったい誰がどのような形で納めているのでしょうか。支払っているのは、まちがいなく消費者である私たちですが、私たちの支払った消費税がどのような経路で税務署に納められているかを正確に知っている人は少ないはずです。

実は私たちが払った消費税を税務署に納めているのは、それを預った〝事業者〟なのです。

次ページ図3の例を見てみますと、小売事業者が販売時に受け取った消費税は160円です。この小売事業者が受け取った消費税160円をそのまま税務署に納めるわけではありません。

小売事業者は自分が受け取った消費税から、自分が仕入の際に支払った消費税を差し引いた金額、この例でいくと160円から120円を差し引いた40円だけを納税す

図３：消費税納税の仕組み

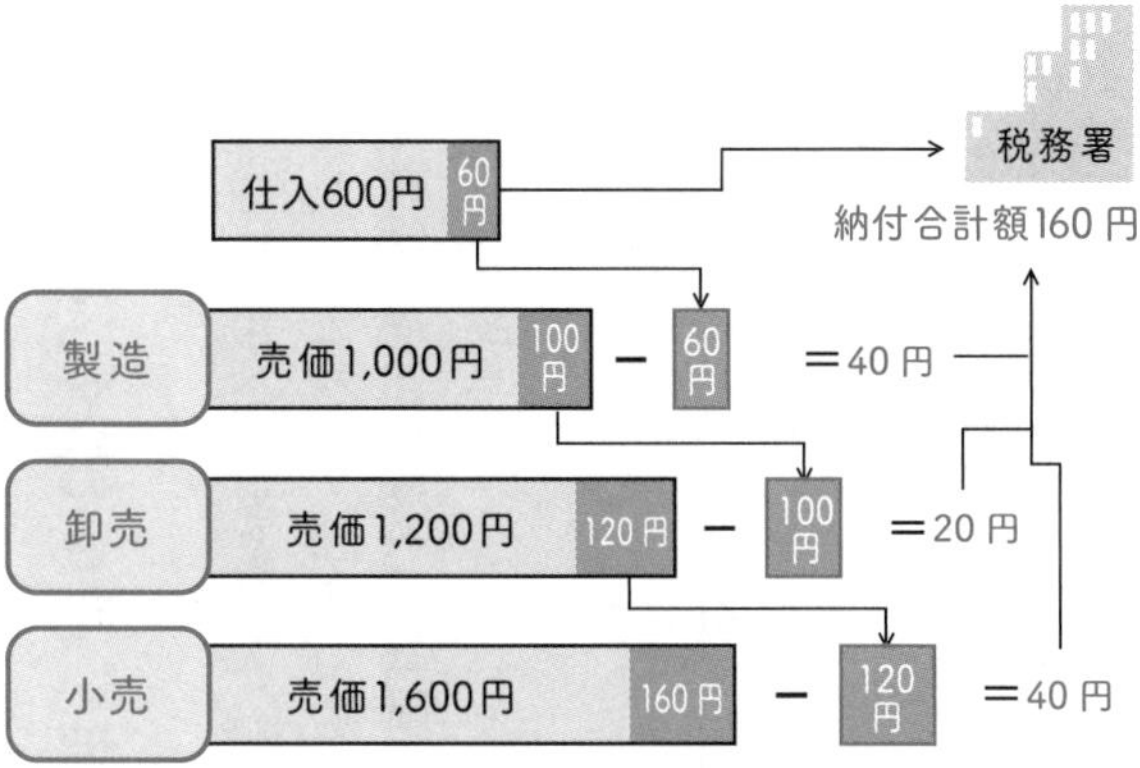

ることになります。

同様に卸売事業者は受け取った１２０円から支払った１００円の差額の20円を、製造事業者は受け取った１００円から支払った60円を差し引いた40円を、材料を供給した事業者は受け取った60円をそれぞれ税務署に納付します。それぞれが税務署に納付した消費税の合計額は１６０円。

この金額は消費者が支払った消費税額に一致します。このように消費税は、取引の各段階において、事業者が受け取った消費税から支払った消費税の差額を納めることで、社会全体では消費者が支払った金額を納めるという仕組みになっているのです。

7 知っておきたい消費税の仕組み②

日常生活の中で、消費税がかかっていないものを見つけることは難しいものです。

なぜなら、ほとんどすべての取引に消費税がかかっているからです。

消費税の対象となるのは、**「国内において事業者が事業として行う、資産の譲渡、貸付、役務の提供」**とされています。

国内において

消費税は日本の税金ですので、国内で行われる取引について課税されます。

事業者が事業として

〝事業者〟というのは、文字通り事業を営んでいる者で、株式会社など法人はすべて事業者となります。その他、個人商店などの個人事業主も事業者となります。

また、〝事業として〟ということですが、**法人はそのすべての行動が事業として行**

われると考えられています。ただし、香典やお祝金などの受け渡しに関しては、これを事業として行っているわけではないので、消費税の対象とはなりません。

一方、個人事業者は事業として行っている部分と、個人的に行っている部分がありますが、個人が行った取引については、消費税の対象とはなりません。

もちろん、一般の事業を行っていない人が何らかの取引をした場合、それについては消費税の対象となりません。

資産の譲渡

〝資産の譲渡〟とは**資産を他の者に譲り渡すこと**をいいます。もっとも一般的なのは、商品の販売です。商品の販売は消費税の対象となりますので、消費税がかかっていない取引は、一部の非課税取引を除いてありません。

資産の貸付

〝資産の貸付〟については、説明はいらないと思いますが、賃貸という形態をとっているのがもっとも一般的です。

役務の提供

〝役務の提供〟というと、何だか難しい言い回しですが、これはサービスの提供という意味です。運送、通信、飲食、土木工事などをはじめ、弁護士、税理士、スポーツ選手などの専門知識、技能に基づくサービスが該当します。

つまり、ものを介在させないサービスの提供についても消費税の対象となるということです。しかし、これについても項目14で説明するように一部には〝非課税〟となるものがあります。

このように、ほぼすべての取引が消費税の対象となりますが、その区分は一般の人にはわかりづらいのも事実です。

8 インボイス制度とは何なのか

令和5年10月1日からインボイス制度が始まりました。この制度は、数年前から周知活動が行われていたため、「インボイス制度」という言葉自体は、施行前から一般の認知度は高かったといえそうです。しかし、施行後の今もこの制度の内容を正確に理解している人は少ないというのが現状です。その理由は、はじめにでも申し上げたように、この制度が一般消費者にはほとんど関係のない制度だからです。

インボイス制度を導入されて最も大変なのは、企業の経理担当者でしょう。しかも、この制度は大きな会社であれ、小さな会社であれ、ほぼ同じ対応をしなければならないという点に難しさがあるのです。

インボイス制度とは、正確には「**適格請求書等保存方式制度**」といわれています。この適格請求書等と今まで会社が発行していた請求書等との違いは何でしょうか。

形式的には、今までの領収書、請求書と取り扱いが異なる部分がいくつかありますが、税の取り扱いとしては、唯一、消費税の取り扱いが異なります。つまり、そのほかの取り扱いについては、従来のものと異ならないということを理解しておくと良いでしょう。**たとえば、品物の料金を支払った際にもらった領収書は、インボイス発行事業者かどうかは関係なく、その代金を支払った証拠になります。**インボイス発行事業者以外のものが発行した領収書であっても、法人税や所得税の課税所得を計算するうえでは、今までと同じように損金や必要経費の金額として処理することができます。

本書でも解説しているように、消費税の納税額の具体的な計算は、**預かった消費税等－支払った消費税等**で計算されます。

今回のインボイス制度では、この計算式の**「支払った消費税等」**の取り扱いが変わりました。すなわち、この支払った消費税等額として計算に使うことができるのは、インボイス発行事業者が発行したものに限られるとされたのです。

つまり、先の計算式において、「支払った消費税等」として認められるためには、適格請求書等（インボイス）でなければならないということです。

結果として、インボイスをもらう側は、登録事業者からもらったインボイスは自分が支払う消費税額を少なくすることはできますが、登録されていない事業者からもらった請求書等では、消費税額を少なくすることはできないという制度なのです。

さて、ここからは実際のインボイスについて見ていきます。実際のインボイスのひな形は、次ページ図4の通りです。消費税の仕入税額控除ができる適格請求書となるためには、以下の事項が記載されていなければなりません。

①適格請求書発行事業者の氏名又は名称及び登録番号
②取引年月日
③取引内容（軽減税率の対象品目である旨）
④税率ごとに区分して合計した対価の額（税抜き又は税込み）及び適用税率
⑤税率ごとに区分した消費税額等
⑥書類の交付を受ける事業者の氏名又は名称

令和元年の消費税率引き上げの際にインボイスの前段階として発行が義務付けられた「区分記載請求書等」と大きく異なる点は、①の登録番号です。この登録番号の記載がされているということは、発行事業者として登録されていることになります。

図４：区分記載請求書等と適格請求書等

記載事項

① 発行者の氏名又は名称
② 取引年月日
③ 取引の内容
④ 取引金額
⑤ 受領者の氏名又は名称
⑥ 軽減税率の対象品目である旨
⑦ 税率ごとに合計した対価の額
⑧ 登録番号
⑨ 税率ごとの消費税額等及び適用税率

※⑥⑦は区分記載請求書等で必要な追加事項項目
⑧⑨は的確請求書等(インボイス)で必要な追加項目

区分記載請求書等

請求書

○○○○御中

●●●●商事㈱

12月分　108,800(税込)

12月1日	精米	※	3,000
12月1日	肉	※	10,000
12月5日	日本酒		1,000
12月5日	野菜	※	500
小計			100,000
消費税等			8,800
合計			108,800
10%対象	税込		44,000
8%対象	税込		64,800

注)※印は軽減税率(8%)適用商品

適格請求書等(インボイス)

請求書

○○○○御中

●●●●商事㈱

登録番号　T1234567890123

12月分　108,800(税込)

12月1日	精米	※	3,000
12月1日	肉	※	10,000
12月5日	日本酒		1,000
12月5日	野菜	※	500
小計			100,000
消費税等			8,800
合計			108,800
10%対象	税込		44,000
うち消費税等			4,000
8%対象	税込		64,800
うち消費税等			4,800

注)※印は軽減税率(8%)適用商品

▶「税率ごとに合計した対価の額」は、
区分記載請求書等は税込金額、
適格請求書等については税込金額、税抜金額のいずれかの金額を記載する。

▶ 不特定多数と取引を行うものについては適格簡易請求書の発行が認められ、
「適用税率」と「税率ごとの消費税額等」のいずれかの記載でよいとされている。

9 インボイス制度のスケジュール

51ページ図5に、過去の流れも含めたインボイス制度の導入スケジュールをまとめました。

この中で、最も重要なのが、令和5年10月1日のインボイス制度の開始日です。この開始日を境に、消費税の控除要件や免税事業者からの仕入に関する取り扱いが変わりました。

しかし、前項目でも説明した通り、この新制度の影響は、多くの事業者には影響を与えますが、一般消費者が影響を受けることはあまりありません。事業者にとっては経理が複雑になり、税理士にとっては税金の計算が面倒になります。

このスケジュールの中で、事業者が注意しなければならないのは、**「免税事業者からの仕入れ」**についてです。

従来、会社の消費税計算を行うにあたっては、請求書や領収書などを保存し、その記録を帳簿類に記載保存しておけば、それが「免税事業者からの仕入れ」であったとしても、消費税の計算では支払った消費税として控除することができました。

しかし、このスケジュールに記載されているように、免税事業者からの仕入れについては、新制度導入から令和8年までは80%控除と控除額が減少します。

さらにそれから3年間は50%控除となり、最終的に令和11年10月1日からは1円も控除することができないということになっています。つまり、事業者にとっては消費税負担が確実に増える制度だといえるのです。

図5：インボイス制度の導入に関する項目のスケジュール

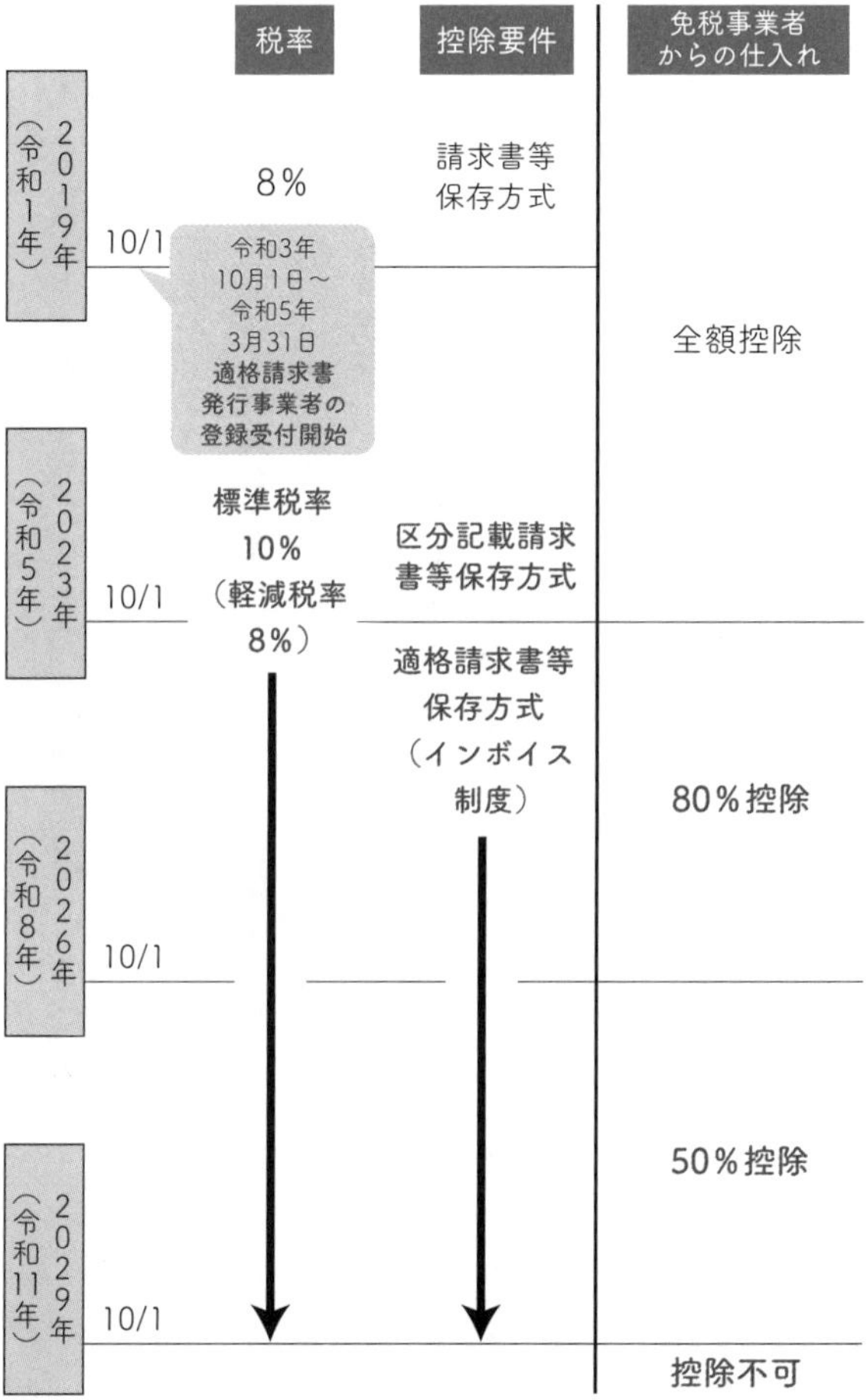

10 飲食店やタクシーの領収書はこうなる

インボイス制度の下では、3種類の領収書が流通することになります。

一つめは、インボイス発行事業者が発行した〝**適格請求書としての領収書**〟とよばれるもの。2つめはインボイス発行事業者が不特定多数に対して発行する〝**簡易適格請求書としての領収書**〟。

そして3つめがインボイス発行事業者以外の事業者が発行した〝**ただの領収書**〟です。発行する側としては、インボイス発行事業者として登録した事業者のみがインボイス（簡易インボイスを含む）を発行することができ、登録していない事業者はインボイスを発行することはできません。

一方、領収書を受け取った人が消費者で、その領収書を税金の処理に使用しない人にとっては、その領収書の効力などは一切影響がありません。3種類のどの領収書を受け取ったとしても、支払った事実を証明する書類であることに変わりはないのです。

領収書に記載されている事項は適格請求書に求められている項目よりも少ない、簡

インボイスとしての領収書のひな形

② ●●年●●月●●日　　① ●●タクシー（株）
札幌市中央区●●
登録番号 T1234567890123

領収書

④ 3300　円

③ タクシー料金として

10%対応 ⑤
内　消費税額　300 円

①適格請求書発行事業者の氏名又は名称及び登録番号
②取引年月日
③取引内容（軽減税率の対象品目である旨）
④税率ごとに区分して合計した対価の額（税抜き又は税込み）
⑤税率ごとに区分した消費税額等又は適用税率）

易インボイスが認められています。

少なくなった項目としては**「交付を受ける者の氏名または名称」**です。不特定かつ多数の者に商品の販売やサービスの提供等を行う小売業、飲食店業、写真業、旅行業、タクシー業、駐車場業等は、発行の都度、相手の氏名や名称を確認して発行するという実務上の手続等を考慮して、省略が認められています。

また、3万円未満の公共交通機関の運送費など一定特定の取引については、そもそもインボイスの交付義務が免除されています。

11 インボイス登録事業者になると得をするのか

インボイス制度に関しての質問で最も多いのは、インボイス制度で事業者登録をすると損をするのか得をするのかというものです。

インボイス制度は、すでに説明した通り、消費者にとってはあまり関係のない制度ですが、事業者にとっては経理業務や経営に大きな影響を与えるものです。特に、小規模事業者にとっては、経理の事務負担と消費税負担が増加することになり、損をしないためにはどうすれば良いのかという質問には切実な思いがあるようです。

インボイス制度は、**消費税を税務署に納付している人に対して支払った消費税を、その人の支払うべき消費税から控除する制度**です。つまり、消費税の課税事業者に対して支払った消費税を、税務署に納める消費税額から控除できる制度なのです。

ここでの問題は、消費税の免税事業者です。取引の間に免税事業者が入ると、その免税事業者が受け取った消費税は税務署に納付されることはありません。そのため、税務署に納付されることがない消費税を支払った事業者の支払うべき消費税から控除することができない制度にしたのです。簡単に言うと、**免税事業者に対して支払った消費税は税控除できない制度**となります。

さらに適格請求書発行事業者に登録すると、自動的に消費税の課税事業者となります。そのため、今まで免税事業者であった者が登録をした場合、課税事業者となり、消費税を税務署に納めなければなりません。つまり、**インボイス登録事業者になるということは、消費税の負担を受け入れるということと同義**なのです。**ただし、免税事業者がインボイス制度導入を機に課税事業者になった場合、3年間に限り、その納税額を売上高にかかる消費税額の20％にするという特例も用意されています。**

それでも登録する理由は何なのでしょうか。

一つには取引関係からの理由が考えられます。インボイス事業者登録をしないと、取引代金を払ってくれた事業者は消費税額を控除できないため、取引先が消費税の負担増になってしまいます。そうなると、取引関係の見直しを考える取引先が出てくる可能性もあります。そのため、登録せざるを得ないという状況も起こりえます。

いずれにしてもインボイス制度で得をするのは、確実に税金を徴収できる課税当局だけということになりそうです。

12 相手が登録しているかどうかの確認方法

消費者はそれほど影響を受けないインボイス制度ですが、事業者にとっては経理処理や税務処理が複雑になります。今までの経理処理は、原則として、購入したものや受けたサービスが、消費税が課税される取引か、課税されない取引か、限定されている非課税取引かの3つのどれかを判断できれば、最終的な消費税の計算は行うことができました。

しかし、インボイス制度導入後は、購入したものや受けたサービスが、従来の消費税が課税される取引の場合、さらにその購入した会社やサービスを提供してくれた会社が、インボイス制度の適格請求書等発行事業者であるかどうかを確認しなければならなくなったのです。従来の消費税が課税されるかどうかの判断に加え、**支払先が登録されているか否かも確認して計算しなければならない**ということになります。

実務的な処理の流れを考えると、継続的に取引関係がある会社であれば、予めその会社が登録事業者であるかどうかを確認しておき、その結果に基づき経理処理をしていくことが考えられます。もちろん、その場合でも経理担当者はもらった請求書等に、登録事業者番号が付されているかどうかの確認も行わなければなりません。

いったん、登録事業者として登録していたとしても、その登録を取り消すことはできるので、基本的には取引の都度の確認が必要とされるのです。

また、継続的な取引ではない会社との取引については、請求書等に登録番号が記載されていれば適格請求書等として判断し、記載されていなければそれ以外の請求書等として処理することになります。

受け取った請求書等によって処理の方法が変わりますが、請求書等が不正に作成されている可能性もゼロとは言えないので、登録されているかどうかを確認する手段は覚えておいたほうが良いでしょう。受け取った請求書に記載されている登録番号が、正式なものがどうかは国税庁のＨＰ「**適格請求書発行事業者公表サイト**」（https://www.invoice-kohyo.nta.go.jp/）で閲覧して確認することができます。

いずれにしても従来の経理処理よりも手間がかかることは間違いありません。

また、もし**不正に適格請求書等を作成した場合は、１年以下の懲役または50万円以下の罰金というペナルティも用意されています。**

13 非登録事業者からの請求書、領収書はどうなる？

前項目でも取り上げた通り、請求書等は、登録事業者からのものと非登録事業者からのものの2つが存在します。

登録しているかどうかにかかわらず、事業者からの請求書等は基本的に法人税や所得税の取り扱いにおいて、ともに損金、必要経費または資産の取得等のための証憑《しょうひょう》として取り扱われることになります。

さらに、登録事業者からの請求書等については、消費税においても従来通りの取り扱いとなります。**取り扱いが異なるのは、登録していない事業者から受け取った請求書等の消費税での取り扱いです。**

先に説明した通り、消費税計算は、原則として受け取った消費税等から支払った消費税等を差し引いた金額が納税額となります。この支払った消費税額の証明書となるのが、適格請求書と簡易適格請求書、いわゆる（簡易）インボイスなのです。ですので、仮になにか商品を購入して支払いをしたとしてもインボイス番号が記載されていない請求書等では消費税計算上は差し引くことができないということになります。

ただし、いきなり控除を認めないとすると、税負担が大きくなることから段階的に控除率を下げるという措置がとられています。

具体的には、51ページの図5にもある通り、インボイス制度導入の令和5年10月1日から令和8年9月30日までは80％の控除が可能となり、その後、令和11年9月30日までは50％の控除が認められ、それ以降については原則通り100％控除が認められないこととなります。

このようにインボイス発行事業者以外の事業者と取引を行った場合は、取引を行った事業者が消費税の計算上は不利になるため、免税事業者との取引を避ける動きなどが懸念されています。

そうした動きを緩和するために、55ページで説明したように、令和5年10月1日から令和8年9月30日までの日の属する課税期間においては、消費税の免税事業者がインボイス制度導入を機に課税事業者になった場合、その納税額を売上高にかかる消費税額の20％にするという特例も用意されています。

また、小規模事業者については、消費税の控除について1万円未満の取引についてはインボイス制度開始から6年間の間はインボイスがなくても帳簿記載があれば控除が認められるということになっています。

このように特例的な措置が数多く存在し、しかもその特例の期限がそれぞれ異なっているため、正しく運用するには制度自体の正確な理解が必要だといえるでしょう。

⑭ 覚えておきたい！　消費税がかからないもの

42ページで述べたように、消費税が課税されないものもいくつかあります。それらを〝非課税取引〟といいますが、消費税については数が限られています。

非課税取引となるのは大きく分け、次の2つです。

①消費税の性格から課税になじまない取引
②社会政策的な配慮から非課税とする取引

消費税の性格から課税になじまないものの中で代表的な取引としては、土地の譲渡や貸付があります。この取引が消費税の非課税となる理由は、土地というもの自体、消費されてなくなるものではないためです。

また、社会政策的な配慮によるものとしては、出産、死亡、病気、介護、福祉、教育、住宅の貸付など、私たちの日常生活の中でも特に基本的な活動や社会的弱者に対する配慮からのものが非課税とされています。

注意しなければならないのは、そもそも課税対象とならない取引と異なり、非課税取引は課税対象となる取引のうち、税法により非課税とした取引ということです。

ただし、一般の人にとって消費税がかからないという点では同じともいえるでしょう。

図6：消費税がかからないもの

消費税の性格から課税になじまないもの

◆ 土地の譲渡、貸付など
◆ 有価証券の譲渡
◆ 支払手段の譲渡
◆ 利子、保証料、保険料など
◆ 郵便切手、印紙など
◆ 商品券、プリペイドカードの譲渡
◆ 住民票、戸籍謄本、抄本等の行政手数料
◆ 国際為替業務に係るサービス

社会政策的な配慮によるもの

◆ 社会保健医療など
◆ 介護保険に規定するサービスなど
◆ 社会福祉事業、更生保護事業として行われる資産の譲渡など
◆ 助産
◆ 埋葬料、火葬料
◆ 身体障害者用物品の譲渡など
◆ 一定の学校の授業料、入学金など
◆ 教科用図書の譲渡
◆ 住宅の貸付

15 軽減税率の仕組み

もうすっかり定着しましたが、消費税率は令和元年10月に引き上げられ、10%となりました。しかし、社会的弱者保護の観点から、生活に密着する食料品などの購入については軽減税率が適用されています。平成元年の消費税導入から税率については、一貫して単一税率でしたが、初めて複数の税率で課税されることになりました。

食料品にかかる税率は8%とされていますし、食料品以外では、定期購読契約で週2回以上発行している新聞についても軽減税率の対象です。

定期購読している新聞というのは、判断しやすいですが、食料品は言葉としては理解できても、具体的に考えると判断が難しいものもあります。

食料品に関して、軽減税率の対象となるのは、図7の軽減税率の適用される食料品を見ていただければわかると思いますが、細かく規定されています。

レストランで食事をした場合は10%ですが、同じ食べ物でも持ち帰った場合は8%になります。

図７：軽減税率が適用される食料品

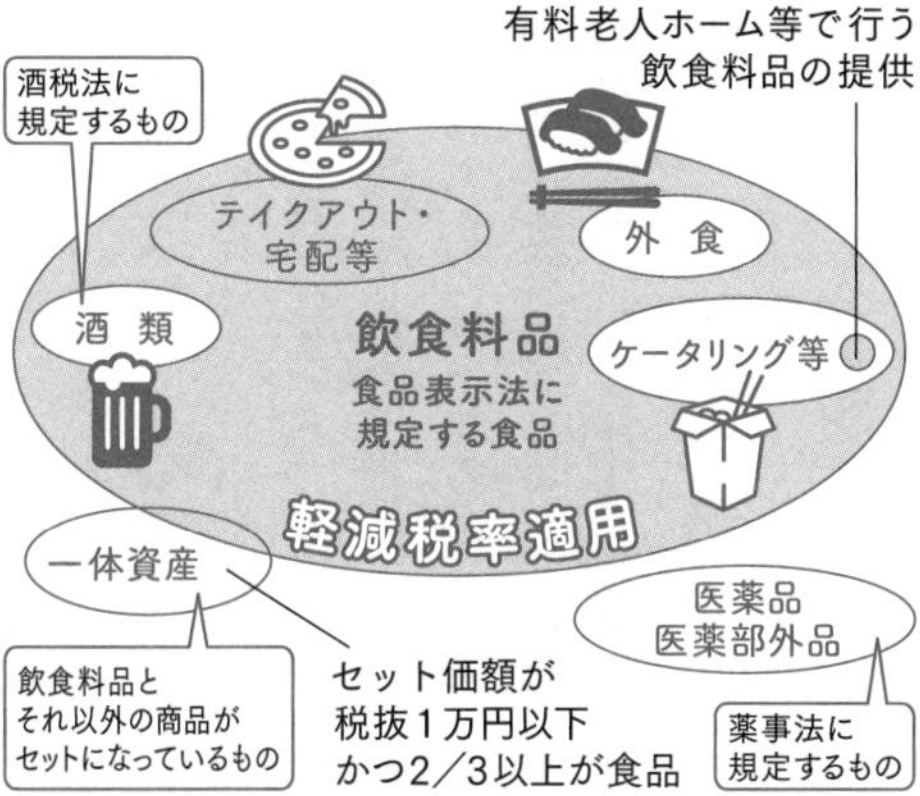

コロナの影響などもあり、宅配の利用が増えています。Ｕｂｅｒ Ｅａｔｓなどの宅配は、飲食料品は８％になりますが、宅配料については10％の税率となります。

また、軽減税率の対象とならないものとしてはお酒、医薬部外品、ケータリングサービスなどがあります。さらに食料品ということでいえば、調味料や食品添加物なども軽減税率の対象となるため注意が必要です。

16 軽減税率を使って得をするためには

軽減税率は次ページの図8にあるように食料品と新聞の譲渡に限られます。ただし、食料品であっても、対象となる取引はかなり限定されていますし、新聞の譲渡といっても定期購読に限られるなど、こちらも軽減される取引は限られています。

軽減税率を使って得をするためには、間違いなく軽減税率が適用される取引かどうかをきちんと理解する必要があります。

食料品を購入する場合であれば、酒や医薬品、医薬部外品、食べ物として販売されていない塩などは軽減の対象とならないので注意が必要です。

また、軽減税率の対象となる食料品の区別とは別に、その購入の仕方についても注意が必要です。

その場で食べる場合は、基本的に外食という取り扱いになりますので、軽減税率は適用されません。同じ食べ物を購入した場合でも、テイクアウトかその場で食べるかで2％の差が生じることになります。

図8：軽減税率対象取引

取引	留意点
飲食料品の譲渡	●**標準税率が適用されるもの** 酒税法に規定する「酒類」 医薬品、医薬部部外品 工業用原材料として取引される塩 観賞用・栽培用として取引される植物など 外食
定期購読契約がされた新聞の譲渡	●**軽減税率が適用されるもの** スポーツ新聞や業界紙など 発行予定日が週2回以上とされていれば、休刊日があることにより週1回しか発行されない週があっても、軽減税率適用可 ●**標準税率が適用されるもの** コンビニや駅の売店などで販売する新聞 電子新聞 週1回しか発行されない新聞

また、新聞の譲渡ですが、こちらも軽減税率の対象となる取引が限定されています。すなわち週2回発行で定期購読契約が結ばれているものに限られます。

毎朝、毎夕自宅に配達してくれる新聞は軽減税率でスポーツ新聞であってもその対象となりますが、売店などで購入するものは軽減税率の対象とはなりません。

軽減税率の対象となる取引は細かく規定されていますので、しっかり理解して無駄のない支出をしましょう。

17 値札は総額表示が正しい

平成25年9月30日までは、商品の値段に関して税込表示が義務づけられていました。いわゆる総額表示の義務化です。

これは本体価格と消費税分の金額の総額を表示することで、消費者が買い物をする際、瞬間的に〝いくら支払えば良いか正確にわかる〟ための措置でした。

しかし、平成26年4月1日から消費税の税率は8％となり、さらに令和元年10月1日から10％と5年半の間に2回の増税が実施され、事情が変わってきました。

小売業を営んでいる事業者は、この短期間に2度値札を変えなければなりませんでした。そのための配慮として、特例的に令和3年3月31日まで外税方式つまり本体価額と消費税額での表示でも良いこととしたのです。

この特例の失効後の令和3年4月1日以降においては、従来の規定に基づき、税込価格を表示することが必要となりました。税率改正も一旦落ち着き、表示の取り扱い

図９：価格表示の具体例

⑴ 11,000 円
⑵ 11,000 円（税込）
⑶ 11,000 円（税抜価格 10,000 円）
⑷ 11,000 円（うち消費税額等 1,000 円）
⑸ 11,000 円（税抜価格 10,000 円、消費税額等 1,000 円）
⑹ 11,000 円（税抜価格 10,000 円、消費税率 10％）
⑺ 10,000 円（税込価格 11,000 円）

は元に戻ったということです。

具体的には、値札、店頭ＰＯＰ、ポスター、チラシ、カタログ、メニュー表など、不特定多数の消費者に対してあらかじめ価格表示をする場合が対象となります。ただし、これはあくまで消費者に対するものの対応で、事業者間取引についてはこの限りではありません。

従来の総額表示が原則的な取り扱いとなり、消費者の立場からすると、金額の判断がしやすくなったということです。

総額表示の具体的な表示例は上記の通りです。

18 消費税は国内か国外かで大きく変わる！

消費税は日本国内の税金です。そのため消費税の課税対象となるのは、「国内において事業者が事業として行う資産の譲渡等」とされています。

国内取引か国外取引かの判定は、次のような基準で行われます。

1　資産の譲渡または貸付けの場合　原則として、その譲渡、または貸付けが行われる時に、その資産が所在していた場所で判定します。資産が日本国内にあるのか、国外かで消費税が課税されるかが決められるのです。

2　役務の提供の場合　原則として、その役務の提供が行われた場所で、国内取引かどうかを判定します。

では、日本から商品を輸出した場合、消費税は課税されるのでしょうか。輸出の場合は、資産を譲渡した場所は日本国内のような感じもします。しかし、その商品が消費されるのは、海外です。そのため税法では、輸出取引を免税としています。つまり、国内の取引であるけれども、消費税率0％の特例として取り扱っているのです。

19 消費税を払わない自家用車の売却法

自家用車を売った経験は多くの方があるでしょう。消費税の課税対象となるのは、「国内において、事業者が事業として行った資産の譲渡等」でした。ここから考えると、**自家用車の売却は、売った人が事業者でなければ消費税の対象とはなりません。**

消費税はあくまで、事業者が事業として行った場合に対象となるのです。

個人事業を行っていて、自家用車を事業で使用している場合は、事業者が事業として行っているということになりますので、消費税の課税対象となります。同じような行為として、個人がネットオークションで売買を行う場合があります。この場合、消費税の対象となる売買なのかどうかは、**売却した人がどういう立場でその取引を行ったか**で、取り扱いは異なります。

あくまで、個人の趣味の範囲で行っていれば、それは"事業として"ではないため、対象とはなりません。それが、頻繁に売買を行い、その取引金額も大きければ、"事業として"行っているとみなされ、消費税の対象となる可能性があります。

20 サラリーマンでも消費税の申告が必要なケースとは？

消費税の対象となるのは、事業者が事業として行う資産の譲渡等ということでした。前項で説明した通り、サラリーマンなどが趣味で行う売買などは、事業として行われているわけではないので、消費税の対象とはなりません。従って、消費税の申告も納税も必要はないわけです。

しかし、サラリーマンでも、副業としてネットオークションなどをしている場合には、事業者が事業として、消費税の対象となる取引をしていることになります。

ただ、これがすぐに消費税の申告・納税につながるわけではありません。消費税には免税の制度があり、免税となった場合には申告・納税は必要がないのです。

次ページ図10の通り、消費税の免税を判定する場合は、2年前の消費税の課税対象となる売上高で判定します。その金額は1000万円で、それ以下の場合は免税事業者となります。この2年前の期間のことを〝**基準期間**〟といいます。

基準期間の課税売上高が1000万円を超えると、2年後は課税事業者となり、消

図10：消費税の免税判定

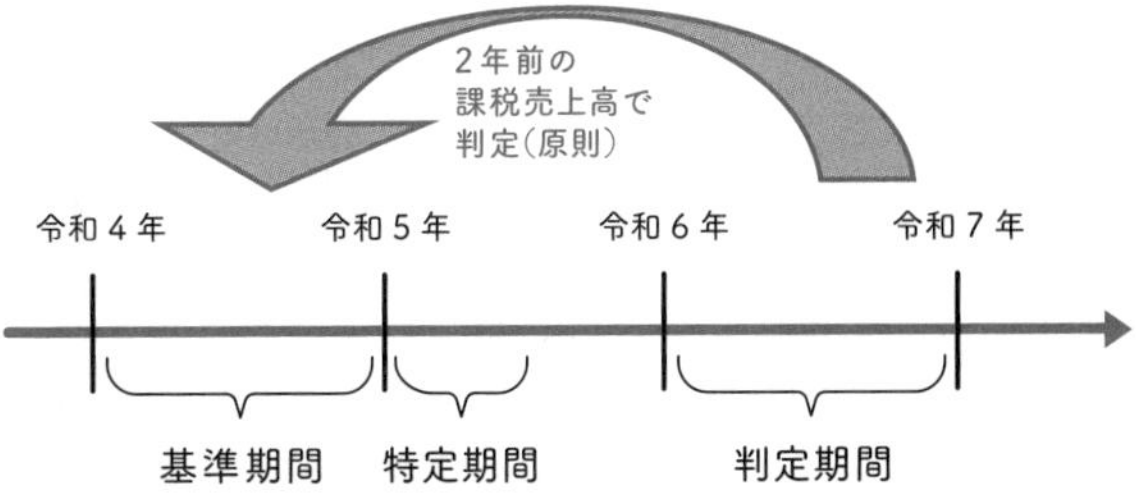

費税の申告、納税をしなければなりません。

その対象となる年の課税売上高が1000万円以下であっても2年前に免税点を超えていれば課税事業者となります。つまり、判定はあくまで基準期間で行うのです。

また、前年の前半6カ月において課税売上高1000万円を超え、かつ人件費も1000万円を超える場合も翌年は課税事業となるので注意が必要です（**特定期間**）。

サラリーマンでも副業を行って、年間の課税売上高が1000万円近くまで増加してきたら、消費税の申告も考えていかなければなりません。

ただし、実際の申告は2年後（または1年半後）になるので、準備期間は十分にあるといえます。

21 個人輸入、消費税のタイミングは？

海外で何か商品を購入した場合、私たちはその国の定めた消費税などを払うことになります。

「国内において事業者が事業として行った資産の譲渡等」は国内取引に関する消費税の大原則ですが、実は消費税の対象となる取引がこの他にもう一つあるのです。

それは〝**輸入取引**〟です。

消費税は日本国内の〝消費〟に対し課税される税金です。輸入はその時点で、消費されるわけではありません。輸入したという事実は、消費とは関係がないのです。

しかし、実際の取引を考えてみると、輸入をしたのが事業者であれ個人であれ、最終的には日本国内で消費されることになります。ということから、**輸入した商品を税関から引き取った時点で課税する**ことにしているのです。

国内取引に関しては、税金を負担する人と税金を納める人は必ずしも一致しませんでしたが、輸入の場合は税金を支払う人と税金を納める人は同じです。

これら輸入に関する消費税のことを**「引き取りにかかる消費税」**といいます。そして、輸入した商品などを保税地域（注）から引き取る人は、原則としてその引き取りの時までに**「輸入申告書」**を提出し、消費税を納付しなければなりません。

最近は個人輸入も頻繁に行われていますが、個人輸入をした場合には関税の他に消費税を納税しなければならないのです。

引き取りにかかる消費税は事業者のうち前項目で説明した、基準期間の課税売上高が1000万円以下の免税事業者であっても負担しなければなりません。さらに、個人事業者でないサラリーマンや仕事をしていない人であっても、外国貨物を引き取る時には納税義務者となります。

海外旅行から帰ってきた際に、外国商品を買って日本国内に持ち込むことがあります。日本の税関を通る際に〝免税〟か〝課税〟かを分けるのは、持ち込んだ商品の種類により、その量や金額に応じて決められているからです。

この際に課税される税金としては関税がメインですが、実は〝課税〟の場合、関税の他に引き取りにかかる消費税も含まれているのです。意外に身近にあるのが引き取りにかかる消費税なのです。

（注）海外から輸入された貨物を、税関の輸入許可がされていない状態で、関税などの税金を留保したまま一時的に置いておける場所のことをいいます。

3章

知っておきたい
税金の基本の基本

22 サラリーマンでもこんなに節税ができる！

サラリーマンの方は給料から天引きされた税金を給料明細書で見てあらためて、「こんなに引かれてる……！」と思っている方も多いことでしょう。

ではこの税金、一度引かれたものを簡単に取り戻したり、節税することはできるのでしょうか。

答えからいうと、取り戻せるものもありますし、もちろんサラリーマンでも**節税は可能**です。しかし、そのためには、まず税金の基本的な〝知識〟を持っていることが必要です。

たとえば私たちがもっとも身近に接している税法は、「所得税法」。毎月の給料の中から、「源泉所得税」として差し引かれている金額は、法律によってその算出方法が決まっています。どのように計算されているかを知らずに税金を支払っている（差し引かれている）方も多いとは思いますが、それでは節税はできません。

まず、自分の税金がどのような計算過程によって決められ、どのように税金が納められているかを理解しましょう。

その上で、今、支払っている税金から、どうしたら税額を小さくできるかを考え、実行していくことではじめて、節税は可能となります。

たとえば、田舎に年金暮らしのご両親がいて、定期的に仕送りをしている場合。

そのご両親の年金額が1人約158万円以下（65歳以上の場合）であれば、あなたの扶養に入れることができるかもしれません。扶養控除は、この場合必ずしも**〝同居〟が要件ではなく、生計をともにしていればいい**のです。

また、共働き夫婦で、妻が産休に入る時に、所得が配偶者控除の範囲内に収まるような場合。このケースでも「**配偶者控除**」または「**配偶者特別控除**」の対象となる可能性があります。さらには、病院代や薬代が「医療費控除」の対象になることは知られていても、通院にかかった交通費や市販の風邪薬なども対象となることはあまり知られていません。これら一つひとつの控除の金額は小さくても、申告をすれば確実に支払う税金を少なくすることができます。

節税策に一発逆転ホームランになるようなものは、ほとんどありません。細かい積み重ねで節税を心がけましょう。

23 サラリーマンが経費として計上できるもの

「せっかく給料が上がっても税金もどんどん上がるし……」、なんて言葉をよく聞くようになりました。しかし実は、〝年収が多い＝税額も大きい〟、とは限らないのです。というのも、税金が課せられるのは、年収に対してではないからです。税額は、次の計算式で計算します。

所得税額 ＝ 課税所得 × 税率

ここで、はじめて出てきた言葉、「**課税所得**」。課税所得とは、文字通り課税の対象となる所得という意味です。所得税はサラリーマンだけではなく、自営業者や年金受給者などにも課されています。そして、日本の所得税は、その収入の獲得の仕方によって、所得の種類を10個に分けており、給与や賞与などサラリーマンが会社から受け取る収入は、所得税法では「**給与等**」とされます。

私たちが普段、「年収」と呼んでいるのは、この「**給与等**」の年間合計額のことです。

ここから、課税所得を計算していくのですが、まずは収入の金額から「経費」を差し引くことになります。自営業者であれば、売上を獲得するために支出したものを必要経費として差し引いて計算しますが、サラリーマンの場合はどうでしょうか。

給与等の場合は差し引けるもの、つまり経費にあたるものが収入の金額によって税法で決められているのです。その給与等から差し引ける金額のことを「**給与所得控除額**」(次ページ図11)といいます。算式で示すと次の通りです。

給与所得　＝　給与等の収入金額　－　給与所得控除額

つまり令和2年以降、年収400万円の人であれば、収入は400万円、給与所得控除金額は124万円(400万円×20%＋44万円)となり、400万円から124万円を引いた276万円が給与所得となるのです。そして課税所得は、この給与所得から各種所得控除を差し引いた金額をさします。

このように、〝収入〟と〝給与所得〟と〝課税所得〟の金額は違います。次ページ図11のイメージ図を見ていただくとわかるように、収入より給与所得金額が、給与所得金額より課税所得金額が少なくなっています。使える控除がないかを見直し、この課税所得の金額を少なくできれば節税できるのです。

図 11：収入・所得・課税所得のイメージ図

令和 2 年分から

給与等の収入金額 （給与所得の源泉徴収票の支払金額）		給与所得控除額
162.5万円以下		55万円
162.5万円超	180万円以下	収入金額×40% -10万円
180万円超	360万円以下	収入金額×30% + 8万円
360万円超	660万円以下	収入金額×20% +44万円
660万円超	850万円以下	収入金額×10% +110万円
850万円超		195万円（上限）

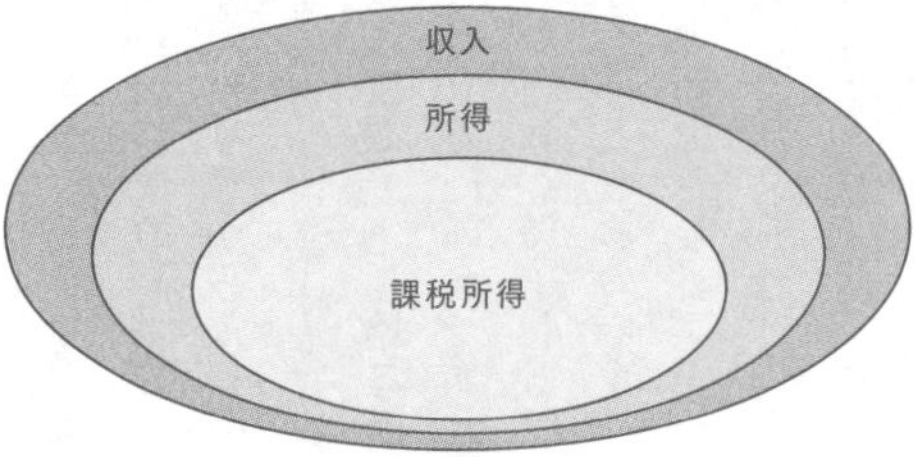

24 おさえておきたい税金講座① 所得税率の仕組み

次に所得税の税率の仕組みを見ていきましょう。

所得税は、課税所得の金額が大きくなればなるほど、税率も大きくなる〝累進課税〟の制度を採用しています。

また、平成25年分からは所得税の他に東日本大震災による復興特別所得税（所得税の2・1%）が一緒に差し引かれています。

具体的な計算方法は次の項目で見ることにして、ここでは、所得税率を見ていきましょう。

次ページの図12のように、現在は最低税率5%から最高税率45%の割合で課税されます。45%というと、ものすごい高税率のイメージがありますが、これは平成27年1月1日に従前の40%から税率が引き上げられました。

年間の課税所得が4000万円を超える人は、この最高税率で課税されることになるのです。

図12：所得税の税率表

所得税の税率（速算表）		
【課税所得】	【税率】	【控除額】
195万円以下の金額	5％	―
195万円超330万円以下の金額	10％	9万7500円
330万円超695万円以下の金額	20％	42万7500円
695万円超900万円以下の金額	23％	63万6000円
900万円超1,800万円以下の金額	33％	153万6000円
1,800万円超4,000万円以下の金額	40％	279万6000円
4,000万円超の金額	45％	479万6000円

25 おさえておきたい税金講座② 給与の仕組み

ここでも年収400万円の人で考えてみます。まず、給与所得控除額から計算しますが、前項で計算した通り、令和2年分から収入金額×20％＋44万円なので、400万円×20％＋44万円＝124万円が給与所得控除額となり、給与所得の金額は、400万円－124万円＝276万円となります。

そして、そこから、個人の事情に応じてさらなる控除が用意されています。

ここでは、仮に基礎控除額［48万円（合計所得金額2400万円以下の場合）］、扶養親族がいる場合の扶養控除額（38万円）、一般の生命保険に加入している場合の生命保険料控除額（4万円）、社会保険の本人負担分の社会保険料控除（120万円）とします。

これらをすべて合計すると、各種所得控除額の合計は210万円となり、課税所得金額は、276万円（給与所得金額）－210万円（所得控除額）＝66万円（課税所得金額）。

図 13：給与収入から収める所得税額の算出の流れ

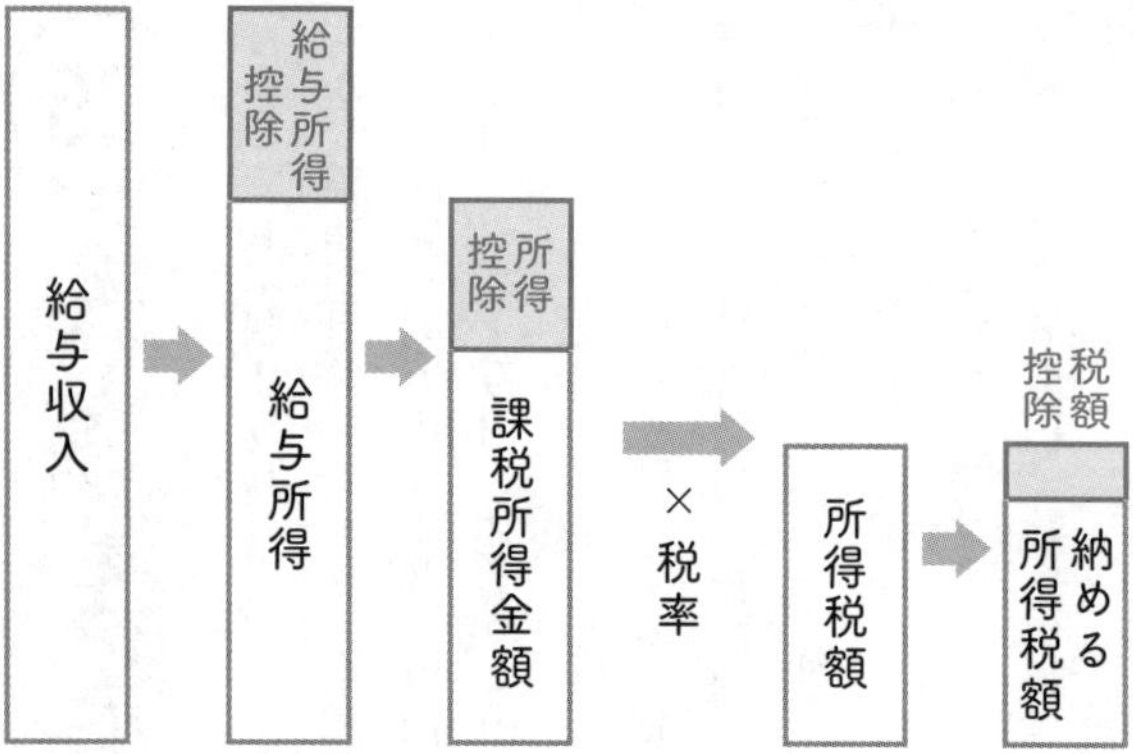

ここに、84ページの図12から所得税の税率を適用させると〝195万円以下の金額〟なので、税率は5％となります。

66万円（課税所得金額）×5％＝3万3000円（所得税額）

つまり、年収400万円の人の所得税額は3万3000円となるのです。

ここまでの所得税の計算の流れをまとめると、図13のようになります。

計算の流れはこのようになりますが、サラリーマンの税金の納め方は、この流れとは少し違います。

サラリーマンに関しては、毎月の支給額に対する概算額を給与支払の際にあらかじめ天引きして納める**「源泉徴収制度」**をとっています。

毎月の給料明細には「所得税」として、概算所得税の金額がそこに記載され、差し引かれているのです。

一度ご自分の給与明細を見て、計算してみると、どのような税金を、どのくらい納めているか、よくわかりますし、節税できる項目にも敏感になるはずです。

図 14：給料支払明細書

給料支払明細書

（　　　年　月　分）

殿

勤労日数		自 月 日 至 月 日　日
労働時間		時　分
時間外労働		時　分
支給額	基本給	
	時間外賃金	
	家族手当	
	通勤手当	
	合計	
控除額	健康保険料	
	厚生年金	
	雇用保険料	
	所得税	
	住民税	
	前払金	
	合計	
差引支給額		

（事務所名）

係印

26 おさえておきたい税金講座③ 年末調整VS.確定申告

日本では、サラリーマンは毎月概算額を支払う計算も年末で税金の精算を行う「年末調整」、さらには「住民税」の支払いも給与天引きという方法により、すべて会社が行ってくれます。

毎年、年末に行う年末調整とは、**その年の給与所得合計額から各種控除を差し引き、確定の所得税額を計算すること**をいいます。この作業は、社員から出された各種控除申告書に基づき、会社が計算を行います。毎月給料や賞与から天引きされた所得税と最終的に確定した所得税額とを比べ、概算で天引きした税額が多ければ税金を戻します（税金の「**還付**《かんぷ》」という）、少なければさらに差し引く（税金の「**徴収**」という）ことになります。サラリーマンは、基本的にはこの年末調整でその年の年間所得税額の精算が終了することになりますので、あとは何もしなくて良いのです。

ただし、この年末調整だけで税金の計算などがすべて終了するのは、その人がその会社以外から収入を得ていないことが条件です。つまり、勤めている会社1社からし

図15：確定申告をしなければならない人

1.	給与収入が2,000万円を超える人
2.	複数の会社などから給与をもらっている人
3.	給与所得がある人で他の所得の合計が20万円を超える人
4.	個人事業者で納める所得税額がある人
5.	同族会社の役員やその親族などで、会社の給与の他に、貸付金の利子、不動産の賃貸料などの支払を受けている人
6.	給与から所得税を源泉徴収されていない人
7.	給与などの源泉徴収について災害減免法の適用を受けている人
8.	退職所得について20%の税率で所得税を源泉徴収され、その税額が正規の税額より少ない人

か収入がない人に限られるのです。

では、年末調整だけで税金の事務が終了しない人は、どうすれば良いのでしょうか。

それ以外の人は〝自分で〟申告をしなければなりません。その税金の事務のことを「**確定申告**」といいます。確定申告とは毎年3月15日（休日の場合は次の平日）までに、前年の個人の税金を確定するための計算・申告をすることをいいます。図15のように、確定申告をしなければならない人は、様々です。

基本的にサラリーマン以外の自営業者の方は、この確定申告をしなければなりませんし、サラリーマンの方でも収入が2000万円超の人や複数の会社から給与をもらっている人なども確定申告をしなければなりません。

27 マイナンバー制度の基本を知っておこう

マイナンバー制度は平成27年10月から始まりました。正式な名称は「**社会保障・税番号制度**」といいます。ゼロ歳児からお年寄りまですべての日本国民が12桁の番号を持つことになりました。またすべての法人も13桁の番号を付されています。

正式名称の中に「税」という文言が入っていることから、税金に関わる制度であることは間違いありません。

ところでマイナンバーはどのようなことに利用されるのでしょうか。

これまで日本では、個人の税金の処理は、個人の名前・住所・生年月日の情報を基に行われることが多かったのです。しかし、名前は同姓同名が存在し、住所は転居に伴いわからなくなってしまうなど、個人を１００％確実に特定することは事実上困難でした。税金の世界でいえば、扶養控除などその関係は、名前と住所などで確認する他に方法はありませんでした。

しかし、この方法だと確認に手間暇がかかり、確認漏れなども起こりやすいという問題点がありました。

これが番号となるとどうでしょう。扶養関係を確認するためには、○○○番の人は×××番と△△△番の人を扶養していると正確に把握することができるようになるのです。

また、社会保険との関連でいえば以前は税金とは別々の管理でしたが、番号化することによって一体管理が可能となり、不正などを防ぐ効果があるといわれています。

ただし、**導入当初のマイナンバーの利用目的は、「税」「社会保障」「災害」に限られる**とされていました。

このうち税については、すでに平成28年から番号を付すことになっており、国による国民の所得の把握がより正確に行われています。

一方、国民にとっての利便性としてはマイナンバーを記載したカードである個人番号カードは公的身分証明書として利用可能です。ただし、その場合、マイナンバーの部分について提示は不要ですし、逆に、マイナンバーを提示してはいけません。

また現在では健康保険証としても利用することができ、令和3年10月からはマイナポータルという専用サイトで自分の薬剤情報・医療情報の閲覧が可能になりました。

さらに預貯金口座の情報をマイナンバーに事前に紐づけして登録することにより、今後の緊急時の給付金等の申請において、行政機関における口座情報の確認作業等が不要になります。

この公金受取口座登録制度では、緊急時の給付金のほか、年金、児童手当、所得税の還付金等、幅広い給付金等の支給事務に利用することができます。実際、すでに所得税申告書については、公金受取口座の指定が可能になっています。

今までいくつもの身分証明書が存在していたものがマイナンバーによって一本化されることになるのです。

社会インフラとして位置づけられているマイナンバーは、「より便利、より公平・公正な社会」の実現のために役立つものなのです。

28 マイナンバー制度の実際

マイナンバーは、平成27年10月に全国民に付番され、基本的に住民票の所在地にそれぞれの「**通知カード**」が送られてきました。

このカードは税や社会保険の手続きに利用することになりますので、紛失しないよう十分注意しなければなりません。

ただし、「通知カード」は令和2年5月25日で廃止となり、その後は個人番号通知書となりました。この個人番号通知書は個人番号カードとは異なり、本人確認の書類としての使用はできませんので、通知カードを紛失した場合は、この後説明するマイナンバーカードを取得するか、マイナンバーが記載された住民票の写しを取得するか、住民票記載事項証明書を取得しなければならないので注意が必要です。

また、希望者には平成28年1月から各自治体の窓口で手続きをとれば、マイナンバーが記載された顔写真付の身分証明書として使用できる「**マイナンバーカード**」が交付されています。これは公的身分証明書として利用可能なICカードですが、現在はコンビニエンスストアなどで公的な証明書（住民票の写しや印鑑登録証明書など）の取得にも利用されています。

また税金の分野では、平成28年分の源泉徴収票からマイナンバーを記載したものを税務署などに提出することになりました。つまり、**サラリーマンは、自分の個人番号を会社に伝えなければならない**のです。

さらに、扶養親族についても、同様にそれぞれの番号を扶養控除等申告の所定の欄に記載しなければなりません。

このようにしてマイナンバーが付された源泉徴収票ですが、マイナンバー自体は課税当局に対してのみ出さなければならないものです。つまり、それ以外に知らせる必要はありません。

たとえば住宅ローンを組む際、金融機関に源泉徴収票を提出することがありますが、その際にはマイナンバーは必要のない情報となります。ですので、民間事業者に提出する場合は、マイナンバーはマスキングなどをして消した状態のものを使用することになります。

税金についての利用は平成28年から開始しており、社会保険については平成29年から利用が始まりました。

マイナンバーの利用としては、預金口座や証券口座などとリンクさせることが実施されています。それら財産情報と所得情報がリンクすることによって国民一人ひとりの所得、財産情報が国によって管理されることになり、不正などができない状況になると思われます。

税金の面から注目すべきは、マイナポータルとの連携です。第1章のスマホ申告のところでも紹介した通り、個人の税金にかかわる情報がマイナポータルに集約されるため、年末調整や個人の確定申告に使用する情報を自動的に転記されるなど、申告についての利便性が増すような改訂が次々と行われています。

29 源泉徴収票の見方、読み方

普段なにげなく会社から受け取っている源泉徴収票は、税金の世界ではとても重要な書類です。そこには、その人が会社から受け取った給与等の金額から差し引いた所得税や社会保険料の金額、さらには扶養している人の情報や各種所得控除の内容、住宅ローン減税を受けていればその金額などと、あなたの税金に関する情報があの小さな紙にすべて詰まっているのです。

サラリーマンの税金の精算は基本的に年末調整という事務で完了しますが、その事務は会社が行うことになります。

給与所得の源泉徴収票は、年末調整を行った後または退職の際に、各従業員に交付されます。その際に税金計算の基礎となるのが、「給与所得者の扶養控除等（異動）申告書」「給与所得者の保険料控除申告書」などの書類ですが、受給者のマイナンバーはもちろん控除対象配偶者や控除対象扶養親族のマイナンバーもその書類に記入して会社に知らせなければなりません。

マイナンバーの情報も含めて、これらの書類に正確な情報を記載しなければ、会社は正しい税金計算ができないのです。正確な記載を心がけるとともに、記載した金額がどのように計算され、最終的に源泉徴収票のどこにどのような金額で表示されるかは知っておいてほしいところです。

それでは99ページ、図16の源泉徴収票のサンプルを見ながら、どこにどのような情報が記載されているかを見ていきましょう。

①には住所・氏名の記載欄があり、一番下の右側には生年月日の欄があります。また、氏名の上には個人番号を記入する欄が設けられています。②の種別・支払金額・給与所得控除後の金額・所得控除の額の合計額・源泉徴収税額には集計・計算された金額が記載されます。この部分が源泉徴収票の数字で一番重要な部分になります。

③には扶養関係の情報が入ります。16歳未満扶養親族の数の欄は③の一番右になっています。

④には各種所得控除と住宅借入金等特別控除の金額を記入する欄です。この④の社会保険料控除、生命保険料控除、地震保険料控除の金額に③の扶養関係の控除額、⑨

の本人の控除額に基礎控除額の48万円～0円を加えた金額が②の所得控除の額の合計額になります。

⑤には摘要欄があり、⑥には④の各種所得控除の金額の計算のもととなる金額が記入されます。

生命保険料控除に関しては、新制度と旧制度が併用されているため、このような記載欄になっています。

⑦の左半分を使用して配偶者控除等の情報を記入し、氏名欄の下には個人番号を記入します。右半分は⑥の残りの年金と長期損害保険の金額の欄があります。⑧には扶養親族の氏名と個人番号の記入欄です。⑨は本人情報の欄で、従来様式と変更はありません。⑩は給与を支払っている者の情報で、会社などの住所と氏名・名称のほかに個人番号または法人番号を記入することになります。

あなたは年末調整が終了した後、この源泉徴収票を受け取って見直しをしていますか。もしかしたら控除漏れなどがあって税額が大きくなっている、ということも考えられます。源泉徴収票を受け取ったら、必ず自分でチェックしてみましょう。

自分が払うべき正しい税金は自分でしか確認できません。

図16：給与所得の源泉徴収票

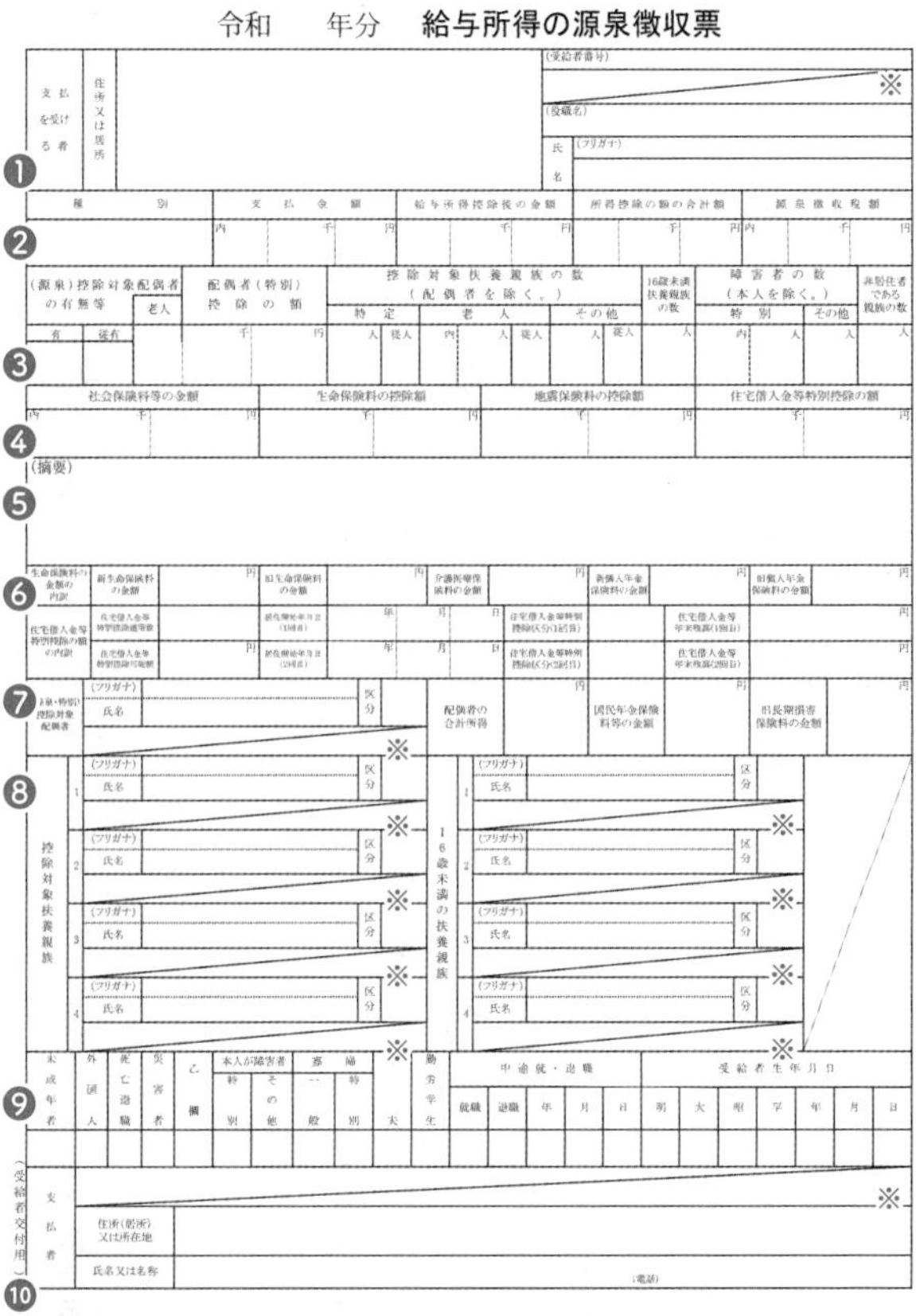

※「税務署提出用」には、個人番号(❿は法人の場合は法人番号)を記載することになります。サンプルは「受給者交付用」なので斜線が引かれています。

30 知らなきゃ損！　確定申告をすべき6つの事項

よく「確定申告」と「年末調整」は、どちらが税金的に得をするの？　という質問を受けますが、どちらでも結果は同じです。所得税の計算、特に給与にかかる所得税の計算は、その方法が決められており、どちらの手続きをとっても最終的な税額は変わりません。ただし、年末調整は一つの会社から給与をもらっている人しか所得税の税額を確定することはできませんが、確定申告はあらゆる収入のタイプの人が、その手続きによって所得税額を確定することができます。つまり、所得税の確定申告という大きな手続きの中のごく一部として年末調整というサラリーマン対象の手続きがあるという理解が正しいのです。確定申告は所得があるすべての人が対象ですが、次のようにサラリーマンであっても確定申告でしか計算できないものもあります。

（1）1年間の医療費が10万円（または所得金額の5％相当額）を超える場合、または12000円を超える場合で一定の取り組みをしている場合

（2）一定の団体等に年間2000円を超える寄付を行った場合

（3）年の途中で会社を退職し、年末調整を受けていない場合
（4）年末調整後、12月31日までに結婚、出産などで家族が増えた場合
（5）自然災害や盗難、火災などにより損害を受けた場合
（6）一定の住宅ローンを組んで住居用住宅を購入した最初の年やリフォーム、省エネ改修工事をした場合

（1）は医療費控除、（2）は寄附金控除、（3）（4）は年末調整後の再計算、（5）は雑損控除、（6）は住宅ローン控除と呼ばれているものです。

これらすべてに共通するのが、**「確定申告」を行わなければ税額を少なくすることができない**ということです。たとえば（1）の医療費控除ですが、対象者は、年末調整を行うことで所得税の税額がいったん確定しています。そのまま医療費控除の対象となることに気がつかず、何もしなければ本来負担しなくても良い税額を支払うことになります。これは（2）から（6）も同様です。

サラリーマンであっても税金のことを知っている人とそうでない人とでは税負担が違ってくるのです。

31 資格取得費でこんなに税金をおさえられる！

サラリーマンの給与は、給与所得控除という収入の金額に応じて決まった控除額があります。しかし、サラリーマンでも概算経費である給与所得控除よりも実際に使った経費が大きい人のために、「**特定支出控除**」という、実際にかかった経費を差し引ける制度が用意されています。具体的には、次の①～⑤の金額の合計額が、次ページ図17に掲げる特定支出控除額の適用判定の基準金額を超える場合には、確定申告でその超える金額を差し引くことができます。①**通勤費**　②**転勤に伴う費用**　③**職務に直接必要な研修費**　④**資格取得費用**（一定の資格を除く）⑤**単身赴任などの場合で、その者の勤務地または居所と自宅の間の旅行のために通常必要な支出**。

また、令和2年から職務上の旅費も認められ、⑤の単身赴任者の帰宅費用も拡充されることになりました。※いずれも会社の証明書が必要。

これまでは、その支出の範囲が限定されていたため、適用できる人はほとんどいませんでしたが、平成25年分以後は、次の特定支出の範囲が追加されました。資格取得

図17：特定支出控除額の適用判定の基準金額

その年中の給与等の収入金額	特定支出控除額の適用判定の基準となる金額
一　律	その年中の給与所得控除額 × $\frac{1}{2}$

費や図書費、交際費など範囲が広がり、適用しやすくなっています。

(1) 職務の遂行に直接必要なものとして給与等の支払者により証明された、弁護士、公認会計士、税理士等の資格取得費

(2) 次に掲げる支出（その支出合計額が65万円を超える場合には、65万円までの支出に限る）で、その支出がその者の職務の遂行に直接必要なものとして給与等の支払者より証明がされたもの

イ　書籍、定期刊行物その他の図書で職務に関連するもの及び制服、事務服、作業服その他の勤務場所において着用することが必要とされる衣服を購入するための費用

ロ　交際費、接待費その他の費用で、給与等の支払者の得意先、仕入先その他職務上関係のある者に対する接待、供応、贈答、その他これらに類する行為のための支出

32 税金にも時効がある！

世の中には「**時効**」というものがあります。時効というのは、権利義務がある一定の期間を経過した場合、その権利義務関係が法的に消滅することです。

実は税金についても時効が存在します。**通常の場合では5年（贈与税は6年）。脱税など悪質な場合は、7年が時効**となります。つまり、税金が発生しても5年間放置されていたら、納税の義務も消滅するのです。納税を免れるというのは、少々イレギュラーなケースですが、制度としては存在しています。

ここで、読者の皆さんに注意していただきたいのは、30項目でご紹介した確定申告をすることによって節税できるのを忘れていた場合の対処方法です。

たとえば令和元年に住宅ローン控除の適用を受けられる状況にあるにもかかわらず、確定申告をしていなかったケースを考えてみましょう。

この場合、確定申告することによってあらかじめ源泉で差し引かれていた所得税を取り戻す（還付）ことが可能だったのです。

時効があるのは、納税に限った話ではありません。納税の反対、還付を受ける権利についても時効があるのです。

先の住宅ローン控除の例の場合は、5年経過した場合については、還付の権利があっても消滅してしまうことになります。令和元年分の所得税の還付のための確定申告書は令和2年1月1日から提出することができます。それから5年間は還付の権利が時効にかからないため、過去にさかのぼって確定申告書を提出し、所得税の還付を受けることは可能です。具体的な日付でいうと令和6年12月31日までに申告書を提出することができれば、税金の還付を受けることができます。

もし、令和7年になって申告書の提出忘れに気がついた場合は、令和元年分について還付を受けることはできません。ただし、令和2年分以降の所得税については、還付を受けることができます。この場合、1年分は損をしてしまうのです。

いずれにしても**5年間という期間を意識しなければなりません**。万が一、30項目でご紹介した確定申告をすることによって税金を取り戻すことができる事項があれば、5年以内であれば可能だということです。

33 年間20万円までは税負担ゼロ？

所得税は、その人が1年間に稼ぎ出した所得に対して課税されます。

サラリーマンの場合、その所得は給与・賞与にほぼ限られますので、〝給与所得〟のみということになります。

すでに説明した通り、**給与所得のみのサラリーマンであれば、所得税の確定は原則として年末調整だけで完了**します。

ところで所得税では、所得の種類をその発生の形態によって10種類に分けています（次ページ図18）。給与所得もその10種類のうちの一つです。

それぞれの所得によってその所得金額の計算の仕方は異なりますが、最終的にはすべての所得について確定申告の中に入れて計算することになるのです。

さて、この10種類の所得の名称を見てみると、一つだけ内容がよくわからないもの

図18：10種類の所得

利子所得	預貯金・公社債の利子などの所得
配当所得	株式など利益の配当による所得
不動産所得	地代や家賃による所得
事業所得	営業・製造・サービス業などによる所得
給与所得	給与・賃金、賞与などによる所得
退職所得	退職によって一時的に受ける所得
山林所得	山林の伐採などによる所得
譲渡所得	土地・建物などを譲渡した時の所得
一時所得	賞金・生命保険満期金などによる所得
雑所得	公的年金や上記所得以外の所得

があると思います。それが「雑所得」と呼ばれているものです。

雑所得として計算されるもので主な収入は、〝公的年金〟があります。公的年金の他に雑所得として分類されるものとしては、その他の所得に分類されないものがあります。つまり、その他雑多な所得です。たとえばサラリーマンで、雑誌などに原稿などを書いてたまたま得た収入などは、この雑所得に当てはまります。

もし、その人がプロとして原稿料をもらっている場合、それは事業として行っていることになり、事業所得として計算します。

雑所得に当てはまる場合、その人は確定申告をして給与と原稿料の合算を申告しなければなりません。

ただ、税法では例外的に確定申告をしなくても良い範囲を定めています。この場合、原稿に関する所得金額が年間20万円以内であれば〝申告不要〟としているのです。

1社だけに勤めているサラリーマンが給与の他に得た所得の金額が年間20万円以内であれば申告する必要も、税金の負担もないということなのです。

この20万円以下の申告不要の特例はサラリーマンで年末調整した人だけが使えるものなので、いわゆるフリーランスの方や不動産オーナーの方には適用されません。

間違いやすいので注意が必要です。

Column

通勤手当は課税？

毎月手にする給与明細をよく見ると、大きく「支給額」と「控除額」があり、それぞれ何らかの関連性をもって金額が計算されています。「支給額」の欄を見ると、その中でも大きく項目が分かれていることに気がつくでしょう。「基本給」「時間外手当」「家族手当」と大きく段を隔てて「通勤手当」と記載されています。

さて、基本給や時間外手当などの支給項目と通勤手当にはどんな違いがあるのでしょうか。“手当”という言葉だけに注目すると、どれも同じような印象を受けます。87ページの給料支払明細書のサンプルを見ると「家族手当」だけですが、この他に「職務手当」「住宅手当」「燃料手当」、少し変わったものに「僻地《へきち》手当」などがあります。これらの手当と「通勤手当」は決定的な違いがあります。それは通勤手当が原則、所得税の“非課税”であるということです。非課税ということは、給与支払明細書のサンプルの下の段の「所得税」の金額に反映されないということです。もらった金額は税負担なく使えることになりますが、無制限に非課税ではありません。税法では、1カ月あたり15万円の実費相当額までの通勤手当については非課税としています。

4章

サラリーマンでもできる！毎年の所得税を少なくする方法

34 おひとり様に優しい税制

個人の時代といわれる現代。いわゆる〝おひとり様〟は特別なものではなくなっています。人生において最大のイベントである結婚も従来のステレオタイプなものではなく、様々な形が認められています。

このような社会情勢の中、税制も対応していかなければならないという趣旨から〝おひとり様〟に対する取り扱いも変わってきています。

不幸にしておひとり様になってしまったというケースには、寡婦《かふ》控除というものがあります。寡婦とは、原則としてその年の12月31日で、次に解説する「ひとり親」に該当せず、次のいずれかに当てはまる人です。また、納税者と事実上婚姻関係と同様の事情にあると認められる一定の人がいる場合は対象となりません。

（1）夫との離婚後、婚姻をしておらず、扶養親族がいる人で、合計所得金額が500万円以下の人

（2）夫と死別した後婚姻をしていない人又は夫の生死が明らかでない一定の人で、合計所得金額が５００万円以下の人

離婚した場合は扶養親族がいなければ対象になりませんが、死別の場合は扶養親族の有無は問われません。

寡婦控除は所得から27万円控除されることになります。

寡婦控除に似た控除としては、次のひとり親控除があります。寡婦控除は女性にしか適用されませんが、こちらのひとり親控除は男女とも適用される制度です。

ひとり親とは、原則としてその年の12月31日の現況で、婚姻をしていない又は配偶者の生死の明らかでない一定の人のうち、次の3つの要件のすべてに当てはまる人です。

① その人と事実上婚姻関係と同様の事情にあると認められる一定の人がいないこと

② 生計を一にする子がいること

この場合の子は、その年分の総所得金額等が48万円以下で、他の人の同一生計配偶者や扶養親族になっていない人に限られます。

③ 合計所得金額が500万円以下であること

ひとり親控除は所得から35万円控除できますので、前述の寡婦控除よりも控除額が大きく節税効果があります。

ひとり親控除の最大の特徴は、寡婦控除と違って過去に結婚していたという条件がないことです。未婚であっても生計を一にする子供がいれば対象となるのです。

ひとり親控除ができる前は、特別の寡婦として控除がありましたが、こちらは過去の婚姻関係があることを前提としていたため、未婚の場合は控除を受けることができませんでした。

ひとりで子供を育てている方には使い勝手の良い控除制度となっています。

35 使ってお得な控除あれこれ

私たちがもらっている給与の中で税金を少なくする控除には、どのようなものがあるのでしょうか。一般的に知られているのは、社会保険料控除、配偶者控除や生命保険料控除などですが、その他にもいろいろな控除があります。それらの控除の中でも、もっとも基本的なものに「**人的控除**」といわれるものがあります。

この人的控除とは、〝その人がどのような人であるか？〟によって、その控除金額が定められているのです（117ページ図19参照）。

令和元年まで全員が適用対象となる「**基礎控除**」は、**すべての人が38万円**の控除を受けられましたが、令和2年分からは図19のように48万円と控除額が増額されると同時に所得によって控除額が逓減されるようになりました。仕事をしていない配偶者がいる場合であれば、原則として配偶者控除38万円を受けることができます。

そして、その配偶者に収入がある場合でも、その収入に比例した所得金額に応じて配偶者特別控除を受けることができることになっています（118ページ図20参照）。さらに、その配偶者が70歳以上であれば、控除額が増加するなど様々な配慮が盛り込まれた内容となっているのです。

これらの人的控除を漏れなく受け、税金を少なくするためには、その人的控除の種類と内容をきちんと理解しておく必要があります。

たとえば、「扶養控除」。扶養控除を受けることができるかどうかは、その〝扶養される人の所得金額〟によって違ってくるのです。**扶養控除の対象となるには、扶養されている人の所得は年間48万円以下である必要**があります。

しかし、この48万円という数字は、あくまで所得金額です。たとえば、その扶養される人が給与をもらっている人であれば、給与所得控除を差し引いた後の金額で判断することになります。

給与所得控除の金額は給与収入に比例しますが、最低額は55万円。仮に年間100万円のアルバイトをしている人であれば、給与収入100万円－給与所得控除55万円＝所得金額45万円となり、48万円以下であることから扶養になることができるのです。

さらにその扶養する人がどのような人であるかによっても、控除額が異なります。

図 19：人的控除の一覧表

		控除を受ける納税者本人の合計所得金額		
		900万円以下	900万円超 950万円以下	950万円超 1,000万円以下
配偶者控除	配偶者の合計所得金額 48万円以下	38万円	26万円	13万円
	老人控除対象配偶者 （70歳以上）	48万円	32万円	16万円

人的控除一覧	控除額
配偶者特別控除	※図18
一般扶養控除	38万円
特定扶養控除	63万円
同居の老人扶養控除	58万円
非同居の老人扶養控除	48万円
普通障害者控除	27万円
特別障害者控除	40万円
特別障害者同居の場合（扶養者）	75万円
寡婦控除	27万円
ひとり親控除	35万円
勤労学生控除	27万円
基礎控除	下表のとおり

	基礎控除額	控除額
合計所得金額	2,400万円以下	48万円
	2,400万円超　2,450万円以下	32万円
	2,450万円超　2,500万円以下	16万円
	2,500万円超	0円

※1 老人扶養家族とは、控除対象扶養家族のうち、その年12月31日現在の年齢が70歳以上の人をいいます。

※2 同居老親等とは、老人扶養家族のうち、納税者又はその配偶者の直系の専属（父母・祖父母など）で、納税者又は配偶者と常に同居している人をいいます。

図 20：配偶者特別控除額

	合計所得 900万円以下	合計所得 900万円超 950万円以下	合計所得 950万円超 1,000万円以下
配偶者の合計所得金額	配偶者特別控除額		
48万円超95万円以下	38 万円	26 万円	13 万円
95万円超100万円以下	36 万円	24 万円	12 万円
100万円超105万円以下	31 万円	21 万円	11 万円
105万円超110万円以下	26 万円	18 万円	9 万円
110万円超115万円以下	21 万円	14 万円	7 万円
115万円超120万円以下	16 万円	11 万円	6 万円
120万円超125万円以下	11 万円	8 万円	4 万円
125万円超130万円以下	6 万円	4 万円	2 万円
130万円超133万円以下	3 万円	2 万円	1 万円
133万円超	0 円	0 円	0 円

もしも、その人が障害者であれば、通常の扶養控除よりも大きな金額の控除を受けることができます。

ただし、ここで述べた控除は自分できちんと申告をしなければいけません。

会社で行ってくれるものには限界がありますので、ご自身でさらに控除となるものがないか、一度チェックしてみましょう。

36 結婚するなら年末、離婚するなら年明け

その人の〝状況〟によって異なる人的控除ですが、その時期によっても違ってくることがあります。たとえば、昨年は独身だった人が、今年結婚すると控除の対象となることがあります。ここで問題となるのは、どの時点でその人の状況を判定するのかということです。税金の世界では、その時期をその年の12月31日と定めています。

つまり、結婚するなら年内が有利になりますし、不幸にして離婚するような場合でも年内は我慢して、年明け早々に離婚すると少なくとも前年分は控除が使えるのです。配偶者控除の金額は38万円。税率10％の人なら、３８０００円も税額が違います。

年末調整で年間の税金を計算する場合、扶養などの情報について正確に申告をしているかどうかで控除額も違ってくるのです。もしあなたが間違った人的控除の申告をしてしまっていても、会社も税務署も修正して税金を還元してはくれません。

自ら正確な内容を「**給与所得者の扶養控除等申告書**」等に記載して提出することが、自分の節税につながるのです。

37 妻のパートはいくらまでがお得なのか

年末が近くなると、パートの女性たちから扶養の範囲を外れてしまわないか、心配する声が聞こえてきます。配偶者控除とは、**一定金額以下の所得の配偶者を扶養している人は、38万円の控除を受けられる**という制度です。

この一定金額以下というのは、48万円とされています。所得が48万円以下ということは、パートの給与収入でいくと給与所得控除が55万円あることから、48万円＋55万円＝103万円まで働いても配偶者の扶養の範囲となります。

この103万円というのが一つの壁となっていることから、年末間際でこの壁を超えないように出勤調整をするパートさんが多くいるのです。

ただ、この103万円を超えたとしても、そこから201万円までは配偶者〝特別〟控除を受けることができます。この配偶者特別控除は、その人の所得金額が増加するにつれ段階的に控除額を下げていき、最終的には201万円で控除額をゼロにするという緩和措置なのです（122ページ図21参照）。

次ページ図21の配偶者の給与額と世帯主の控除額を見てください。

平成29年までは給与収入141万円で適用ができなくなっていた配偶者特別控除は、現在150万円まで一律38万円の控除ができるようになっています。それに伴って、段階的に控除額が減少するスタートが150万円になり、最終的には201万円未満までは控除を受けられるということにしたのです。この改正は平成30年分の所得から適用されています。

ただし、喜んでばかりはいられません。この改正には〝からくり〟があるのです。従来の配偶者控除は、本人（つまり世帯主）の所得金額は関係なく、配偶者の所得のみが要件だったのですが、改正により本人の給与収入が1120万円を超えると控除額が26万円と段階的に減らされ、最終的には1220万円を超えると配偶者控除はゼロになってしまうのです。

配偶者控除の範囲の拡大は、減税措置と思われている方も多いと思いますが、細かく見ていくとちゃっかり増税している部分もあるのです。

図21：平成30年からの配偶者控除、配偶者特別控除

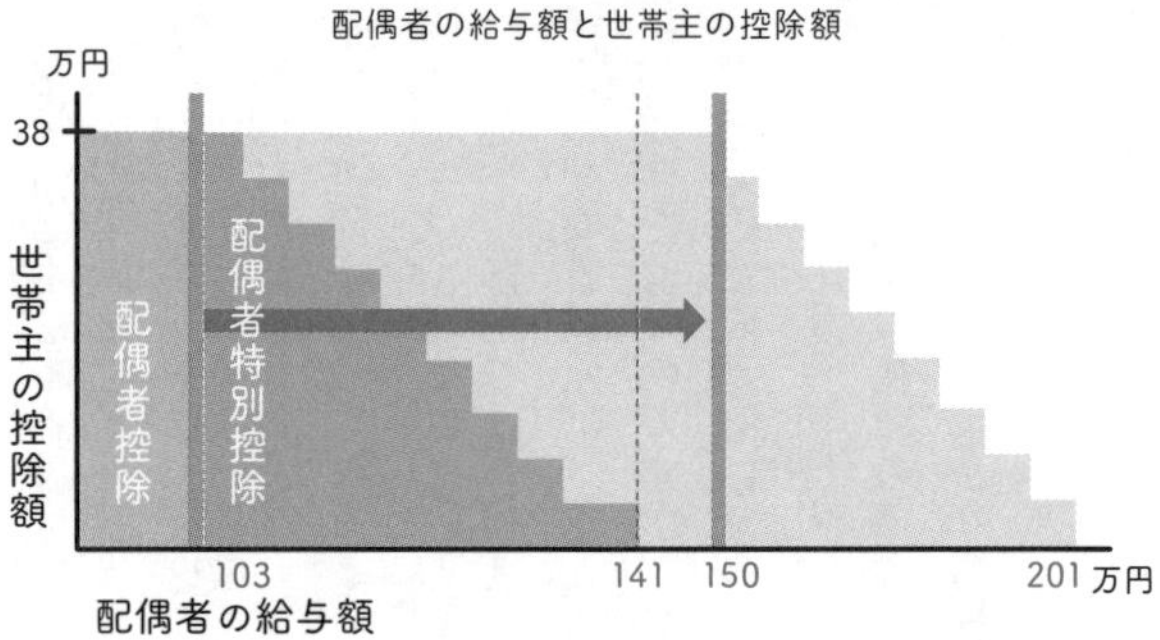

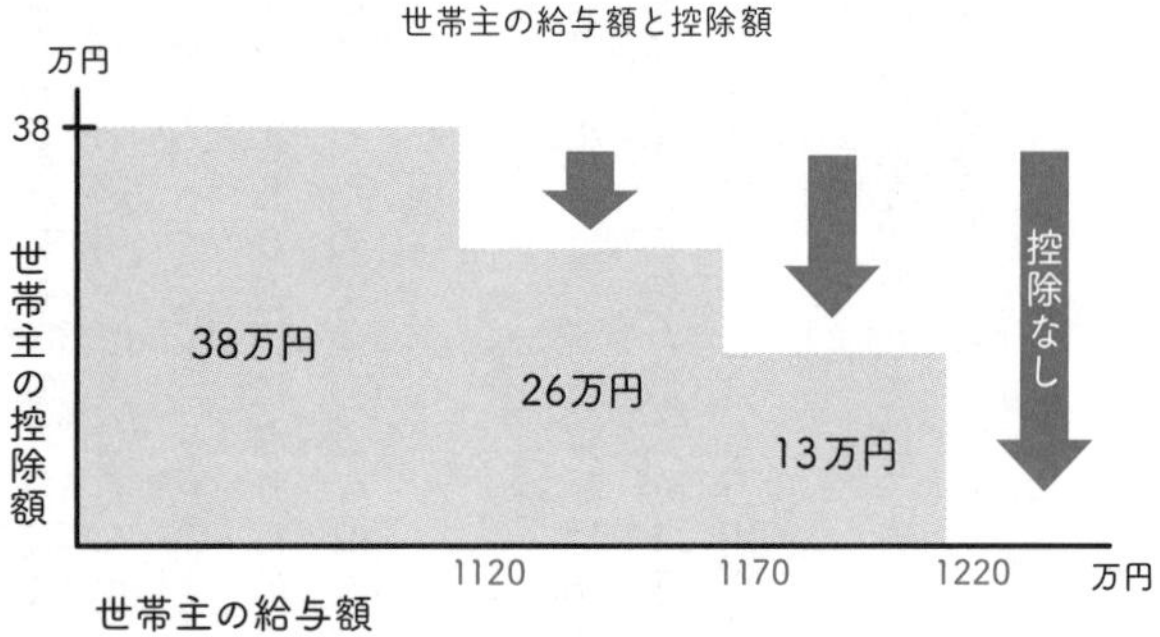

38 16歳以上の親族の扶養で38万円の控除

配偶者控除と同じように、**扶養控除の時期の判定もその年の12月31日の現況**とされています。

配偶者控除では、配偶者の所得が48万円以下という要件があるため、もし共働きのカップルが結婚したとしても控除を受けることはできません。年末に結婚しても、要件を満たさない限り控除を受けることはできないのです。

また、扶養控除の対象となるのは、生計を一にしている扶養親族のうち、年齢が16歳以上の人です。この場合、1人あたり38万円の控除を受けることができます。ただし、扶養控除にも所得の制限が設けられています。

扶養控除の対象となる人の年間の所得が48万円を超えると対象から外れることになります。

たとえば大学生の子供がいる場合、年齢の要件はクリアしていたとしても、所得要件で対象とならないこともあります。

子供がアルバイトをしている時には、その収入金額によって対象となるかどうか異なります。

給与収入の場合、給与所得控除がありますので、収入金額で１０３万円を超えると、その親の扶養控除から外れる計算になります。

また、こども手当（現在は児童手当）の創設により、16歳未満の子供がいる家庭については、一定額が支給されることになったため、税金の扶養控除の対象から外されています。

39 19歳以上、23歳未満の扶養親族はさらにお得

扶養親族とは、すでに説明した通り、生計を一にしている親族のうち16歳以上の人が対象となります。この場合の親族は、6親等内血族と3親等内姻族をいいます。

民法では、親族同士は扶養の義務があるため、扶養することによってお金がかかることに配慮した控除といえます。16歳以上の親族に関しては、38万円の扶養控除を受けることができます。また、さらに扶養親族の中でも、もっともお金がかかる高校生や大学生に相当する年齢の者がいる家庭には、追加の控除が用意されています。その年の12月31日現在の年齢が19歳以上23歳未満の扶養親族がいる場合は、これを税務上「特定扶養親族」として、通常の扶養控除金額に25万円上乗せして控除することができるのです。つまり、この場合の控除額は63万円となります。もちろん、その場合も、その扶養される人の所得金額は48万円以下でなければなりません。

また、親元から離れて暮らしているケースも考えられますが、「生計を一」にするというのは必ずしも同居が要件ではありません。安心して控除を受けてください。

40 高齢になった親の扶養でこんなに違う控除

妻や子供だけでなく、高齢になった親の面倒をみていても、控除があります。この場合、通常の扶養控除金額よりも10万円多い控除額、48万円の控除が認められており、税務上、この親のことを「**老人扶養親族**」といいます。

ただし、年齢による制限が設けられています。老人扶養親族に該当するのは、その年の12月31日現在で70歳以上の人をいいます。

また、所得金額は48万円以下というのは、他の扶養控除と同じです。この老人扶養親族ですが、その要件は**「生計を一」にしていること**です。これは、同居が必要ではありません。あくまで生活費の面倒を見ていれば良いのです。

さらに控除ができる仕組みも用意されています。

「生計を一」にしているだけでなく、老人扶養親族である親と同居している場合は、

58万円の控除が認められているのです。この「同居」は、もちろん日常的に同居していることが要件になりますが、長期入院などで結果として別居している場合にも適用が認められます。

ただし、老人ホームなどの場合は、同居とは認められませんので注意が必要です。

41 知っておきたい、学びながら働く人が使える特典

親の援助を受けず、自分でアルバイトをしながら学校に通う勤労学生が稼いだアルバイト代も給与所得となり、税金はかかりますが、彼らに対しても優遇措置が設けられています。具体的には、「**勤労学生控除**」という制度で、**27万円の所得控除を受けることができます**。たとえば、アルバイトで稼いだお金が103万円以内であれば、給与所得控除55万円と基礎控除48万円を合わせて103万円の控除となり、結果として税金の負担はゼロになります。

この金額を超え、他の控除がない場合は、税金がかかりますが、勤労学生であればさらに27万円の控除が受けられ、年間収入が130万円までは税金はかかりません。

この控除を受けるための要件は、①学生であること　②合計所得が75万円以下であることです。学生という要件ですが、小・中・高・大学校の他、一定の専門学校なども含まれます。

42 リストラされても税金は戻ってくる！

不幸にしてリストラされた場合や会社を退職した場合、税金に関することはすべて自分で行わなければなりません。

会社を退職するのはたいてい年の途中ですので、その年の年末まで再就職しなかった場合、年末調整はしてもらえません。その時は自分で確定申告をしましょう。

退職した時に会社は在職中の収入や源泉徴収額、社会保険料などの金額が記載された**「源泉徴収票」**を発行してくれます。

確定申告をするためには、この**源泉徴収票と退職後に自分で支払った国民健康保険や社会保険（任意継続）の領収書等の納入を証明する書類、さらには年末調整の時に会社に提出する生命保険料控除証明書や地震保険料控除証明書が必要**になります。これらの書類をもとに自分で確定申告書を作成し、それを税務署に提出するのです。

提出期限は3月15日。たいていの場合、月々の源泉所得税は多めに設定されているため、確定申告をすると税金の還付を受けられるはずです。

43 最大12万円の控除が受けられる生命保険料

サラリーマンの年末調整でもおなじみの「**生命保険料控除**」。もちろん確定申告をしても控除の金額は一緒です。年末調整で計算してもらう場合は、「**給与所得者の保険料控除申告書**」に記入して、控除を受けることになります。

生命保険料控除は、その保険の種類や加入した年によって若干取り扱いが異なるので注意が必要です。平成23年までは、「一般の生命保険」「個人年金保険」の2種類で、それぞれ年間10万円以上負担していたら控除限度額が各5万円の控除、合計10万円の控除が受けられました。

これが平成24年分から、従来の2つに加え「**介護医療保険**」が加わり、それぞれ控除限度額は8万円以上の負担で各4万円まで、3つともに**限度額まで控除すると最大12万円の生命保険料控除が受けられる**こととなっています（次ページ図22参照）。節税を考えると、生命保険の種類と掛け金の見直しが必要になります。

一般の生命保険は、死亡保険金の金額を現在の生活状況から考えて設定しますが、

図22：生命保険料控除の金額

平成24年1月1日以後に締結した生命保険控除額

年間の支払保険料等		控除額
20,000円以下		支払保険料等の全額
20,000円超	40,000円以下	支払保険料等×1/2+10,000円
40,000円超	80,000円以下	支払保険料等×1/4+20,000円
80,000円超		一律40,000円

平成23年12月31日以前に締結した生命保険控除額

年間の支払保険料等		控除額
25,000円以下		支払保険料等の全額
25,000円超	50,000円以下	支払保険料等×1/2+12,500円
50,000円超	100,000円以下	支払保険料等×1/4+25,000円
100,000円超		一律50,000円

必要以上に大きくかけている人も多くいます。保障額だけ大きく保険金も必要以上のものに加入していても節税の効果はあまりないでしょう。

また、個人年金契約については、控除対象となるのは、保険料の支払いが10年以上であること、受取開始の年齢が60歳以上でその後10年以上支給が受けられることなど、その要件が決まっています。この要件に当てはまるものかどうか確認してから契約することも大切です。

さらに新たに加わった介護医療保険についても契約期間が5年以上でなければならないなど、対象となる要件がありますので、加入に際しては必ずこれらを確認しましょう。

44 知らないと損する地震保険料控除

生命保険料控除と同様に、サラリーマンの年末調整でもおなじみの「損害保険料控除」ですが、平成18年税制改正で、平成19年分から損害保険料控除が廃止されました。しかし、廃止された時に経過措置が残され、新たに「**地震保険料控除**」（次ページ図23）が創設されました。地震保険料控除ではその対象が地震による損害をカバーする保険だけが控除対象となりました。従来、火災保険に加入していれば、その掛け金のほとんどが控除対象となったのですが、地震保険では火災保険の中に含まれているケースがほとんどですので、支払った火災保険料の金額の一部（うち地震保険料相当額）がその対象となります。よって、**火災保険に加入していても、地震保険に加入していないケースでは対象とはなりません**。

自分が加入している保険が地震による損害をカバーできるタイプのものであるかどうか、あらかじめ確認しておいたほうが良さそうです。また、**経過措置で控除対象として残っている損害保険は、長期損害保険に限られます**。

図23：地震保険料控除の金額

区分	年間の支払保険料の合計	控除額
(1) 地震保険料	5万円以下	支払金額
	5万円超	5万円
(2) 旧長期 損害保険料	1万円以下	支払金額
	1万円超 2万円以下	支払金額÷2+5千円
	2万円超	1万5千円
(1)・(2) 両方がある 場合		(1)、(2)それぞれの方法で 計算した金額の 合計額（最高5万円）

旧制度では、短期と長期に分かれて控除の制度がありましたが、現在残っているのはそのうちの長期損害保険だけです。長期損害保険とは、次の3つの要件を満たしているものです。

（1）平成18年12月31日までに締結した契約〈保険期間または共済期間の始期が平成19年1月1日以後のものは除く〉

（2）満期返戻金等のあるもので保険期間又は共済期間が10年以上の契約

（3）平成19年1月1日以後にその損害保険契約等の変更をしていないもの

また、一つの保険で地震保険と長期損害保険の両方の制度の適用を受けられる場合は、選択によりどちらか一方の適用を受けることになります。

45 医療費控除でこんなに違う

節税を目指すのであれば、支出した証拠である領収書の保管、集計は欠かせません。努力次第で節税できるものに、「**医療費控除**」があげられます。

医療費控除とは、その人が1年間で負担した医療費のうちの一定額について、所得の金額から差し引くことができる制度です。この制度を利用するために2つのポイントがあります。

一つは確定申告をすること。もう一つは領収書を保管しておくことです。

一つ目のポイントは、会社が行ってくれる年末調整では、控除を受けることはできず、自分で申告をしなければ控除を受けることができないということ。

2つ目のポイントは、自分で医療費の領収書を保管しておく必要があることです。実際の確定申告では、会社が行ってくれた年末調整で作成した「**源泉徴収票**」と医療費の領収書をもとに作成した「**医療費控除の明細書**」が必要です。

また、医療費控除の明細書は、医療保険者からくる「医療費のお知らせ」があれば、明細の記入は省略でき、お知らせに記載されている合計額を記入すれば良いことになります。また、従来は医療費の領収書を添付して提出していたものが、平成29年分からすべて医療費控除の明細書の添付に変わりました。申告の際に医療を受けた人ごと病院・薬局などの支払い先ごとに集計した明細書の添付が義務化され、領収書は添付できなくなったのです。そして、医療費の領収書については、納税者が5年間保管することとなっています。

また、マイナポータル連携を利用すると保険適用分の医療費については、自動的に連携ができます。連携した分については、領収書の保管義務もなく、家族分のデータも設定しておけば連携が可能です。ただし、データは保険適用分に限られるため、そのほかの医薬品や交通費などは自分で追加入力しなければなりません。

医療費控除の対象となるのは、病院で支払った診療代、薬代などに支払った金額で、年間10万円またはその年の所得金額の5％のいずれか少ない金額を超える医療費が控除の対象となります。

また平成29年1月1日から**「セルフメディケーション税制」**という制度が医療費控除とは別にありますが、詳細は後の48項目で説明していきます。

46 意外！　こういうものまで医療費控除の対象に

医療費控除の対象となる費用は、１３９ページ図24の通りです。病院などでの診療代の他、医薬品の購入についても対象となります。

また、医薬品については処方されたものはもちろん、市販の風邪薬なども含まれます。ただし、サプリメントなど直接医療と関係ないものについては除かれます。

しかし、直接医療と関係ないものでも、医療を受けるための交通費などは医療費控除の対象となります。公共の交通手段だとその料金の領収書を受け取ることができませんが、その場合は行った日と目的地に行くまでのルート・金額などをメモして残しておくことで医療費控除の対象とすることができます。

また、タクシーで行った際の費用は基本的に対象とすることはできません。ただし、どうしてもタクシーでなければ病院までの移動ができないなどの特別な事情があれば、対象とすることは可能です。医療費控除対象となる支出の中で少し変わったところでは、歯の矯正、視力回復のレーシック施術の費用などがあります。

また、**分べん費用についても医療費の対象**となります。これには、妊娠と診断されてからの定期検診や検査などの費用も含めることができます。

出産のためタクシーで病院に行くことがありますが、これも緊急を要するということで控除対象として認められています。

ただし、分べん費用に関しては、健康保険組合などから出産一時金などをもらうので、その金額については医療費から差し引かなければなりません。

歯の矯正に関しては、それが医療上必要なものであれば、医療費の対象となりますが、いわゆる審美のためのものは対象外となります。ただし、子供の歯の矯正費用については対象となります。

同様に整形施術など、医療上必要のないものは対象外です。また、インフルエンザの予防接種など予防のための費用、健康診断などの費用については、病気にかかり、それを治療するための費用ではないので、医療費控除の対象からは外されます。

新型コロナウイルス関係の費用としてはＰＣＲ検査などがその対象となるかどうか気になるところです。

コロナ感染の疑いのある方に対して行うPCR検査など、医師等の判断により受けた検査費用のうち自己負担分については、医療費控除の対象となります。

しかし、**単に心配だからなどの予防的な措置として自分の判断で受けるPCR検査などの検査費用は、医療費控除の対象となりません。**

ただし、そのPCR検査の結果、「陽性」であることが判明し、引き続き治療を行った場合には、その検査は、治療に先立って行われる診察と同様に考えることができますので、その検査費用については、医療費控除の対象となります。その時の状況によって医療費の対象になる場合とならない場合があるので注意が必要です。

図24：医療費控除の対象となる費用

1 医師又は歯科医師による診療又は治療の対価

2 治療又は療養に必要な医薬品の購入の対価

3 病院、診療所、介護老人保健施設、介護療養型医療施設、指定介護老人福祉施設、指定地域密着型介護老人福祉施設又は助産所へ収容されるための人的役務の提供の対価

4 あん摩マッサージ指圧師、はり師、きゅう師、柔道整復師による施術の対価

5 保健師、看護師、准看護師又は特に依頼した人による療養上の世話の対価

6 助産師による分べんの介助の対価

7 介護福祉士等による一定の喀痰吸引及び経管栄養の対価

8 介護保険制度の下で提供された一定の施設・居宅サービスの自己負担額

9 次のような費用で、医師等による診療、治療、施術又は分べんの介助を受けるために直接必要なもの

(1)医師等による診療等を受けるための通院費、医師等の送迎費、入院の際の部屋代や食事代の費用、コルセットなどの医療用器具等の購入代やその賃借料で通常必要なもの

(2)医師等による診療や治療を受けるために直接必要な、義手、義足、松葉杖、義歯などの購入費用

(3)傷病によりおおむね6カ月以上寝たきりで医師の治療を受けている場合に、おむつを使う必要があると認められる時のおむつ代

10 骨髄移植推進財団に支払う骨髄移植のあっせんに係る患者負担金

11 日本臓器移植ネットワークに支払う臓器移植のあっせんに係る患者負担金

12 高齢者の医療の確保に関する法律に規定する特定保健指導のうち一定の基準に該当する者が支払う自己負担金

47 医療費控除は10万円からという神話

医療費控除の対象となる金額は、次の式で計算した金額（最高で200万円）です。

〈実際に支払った医療費の合計額　－（1）の金額〉－（2）の金額

（1）保険金などで補てんされる金額
（2）10万円と所得金額の5％相当額のいずれか少ない金額

（1）で注意していただきたいのは、**支払った医療費から保険金などで受け取った金額を差し引く**ということです。生命保険などの特約で入院・通院保障や医療保険などで補てんされている金額がある場合は、それを差し引いた金額、つまり自分が負担した金額が控除の対象となります。

ただし、支払った金額より受け取った金額が大きい場合、その超過分は所得金額として課税の対象とはなりませんので、ご安心ください。

また、前項で説明したように出産費用も医療費控除の対象となりますが、その場合、出産育児一時金としてお金を受け取ることがあります。この一時金についても、「**補てんされる金額**」として支出医療費から差し引かなければなりません。

補てんされる金額を差し引いた金額については医療費控除となりますが、その控除金額は最大で200万円となっています。どんなに医療費を負担しても、200万円までで控除は足切りとなってしまうので、注意が必要です。

一般に、医療費控除といえば、〝10万円以上〟と思っている人が多いようで、「どうせ1年で10万円以上にならないので、領収書を保管していない」という言葉もよく耳にします。

ただ、この10万円という数字だけで、医療費控除が適用できるかどうかを判断すると、損をする可能性もあるのです。それは〝**所得金額基準**〟があるからです。

その人の所得金額が200万円以上であれば、10万円基準で医療費控除の対象となる金額はゼロということになります。しかし、もし、その人の所得金額が200万円未満であれば、医療費控除の対象となる金額は10万円を下回るのです。

その場合は**所得金額の5%という基準を使うことになる**からです。

たとえば、所得金額が100万円で年間7万円（保険金などで補てんされる金額なし）の医療費を支払っていた人の場合、次のように計算します。

7万円（支出医療費）－**5万円（※）**＝2万円（医療費控除の金額）

※10万円＞100万円×5%＝5万円

ゆえに5万円となり、年間5万円を超える医療費の負担をしていた場合は、対象となるのです。

平成29年から始まっている「**セルフメディケーション税制**」については、そもそも限度額が10万円（控除額は88000円）となっています。

対象となる金額は年間12000円を超えるものからですので、ますます10万円という金額にこだわる必要はなくなってきます。たとえ10万円未満であっても、領収書の保管はしっかりと行っておきましょう。

48 病院に行かずに病気を治して節税

前項で触れたセルフメディケーション税制ですが、スイッチＯＴＣ医薬品といわれる、もともと医療用だった薬をドラッグストアなどで買えるように転用（＝スイッチ）されたものも対象となります。

一般によく知られているものとして、「ガスター10」という胃薬があります。これらの薬は処方箋が不要で、ドラッグストアで誰でも購入できるものです。

この税制は、**病院に行かなくても自分（＝セルフ）で治そうとする人に税金の恩恵を与える**というものです。具体的には、１年間でこれらＯＴＣ医薬品を購入した金額から１２０００円を差し引いた金額を所得控除として計算することができます。

控除額　＝　購入金額　－　保険金などで補てんされた金額　－　１２０００円

（限度額８８０００円です。つまり10万円までが対象となります）

ただし、この控除を受けるには①特定健康診査 ②予防接種 ③定期健康診断 ④健康

診査 ⑤がん検診のいずれかを受ける必要があります。制度の名称にも使われているように、健康の自己管理を促進するための制度であることからこのような要件が加わっているのです。また、従来の医療費控除はそのままの形で残っているため、平成29年以降、納税者は従来の医療費控除かセルフメディケーション税制かのいずれかを選択して適用することができるようになります。**具体的な対応策としては、OTC医薬品であっても従来の医療費控除の対象でもあるため、薬代を含めて負担した医療費の領収書はすべて取っておくこと**。その上で従来の医療費控除の対象とならなかった場合、新たな制度が適用できないかどうかを検討するという方法になるでしょう。控除額でいうと、従来の制度のほうが大きいため節税の効果はありますが、12000円を超えたものから対象となるという手軽さからみると、新たな制度は比較的容易に使うことができると思います。対象となるスイッチOTC医薬品については、「**厚労省 セルフメディケーション**」で検索、確認の上で購入すると良いでしょう。

https://www.mhlw.go.jp/stf/seisakunitsuite/bunya/0000124853.html

また、この制度は令和3年まででしたが、令和8年までその適用が延長され、対象となるスイッチOTC医薬品の範囲の見直しも行われています。

49 扶養と医療費負担の微妙な関係とは？

医療費控除とセルフメディケーション税制の対象となるものは、自分の医療費だけではありません。対象となる医療費は本人の他、「自己又は自己と生計を一にする配偶者やその他の親族」のために支払ったものとされています。この時、注意しなければならないのは、**〝生計を一にしている〟人に限られている**ということです。

ただし、同居であることや税務上の扶養であることは要件とされていません。配偶者控除や扶養控除を受けるためには、配偶者や子供などの所得が年間48万円以下である必要がありましたが、医療費控除等の対象にこの縛りはありません。

具体的には、共働きの夫婦で税務上の扶養からは外れていても、その人が配偶者のために医療費を負担していれば、その負担した金額は医療費の対象となるのです。

つまり、**税務上扶養かどうかに限らず、生計を一にしていれば対象**となるのです。医療費控除等については世間一般で知られているものでも誤解されていることが多いので、細かな部分もしっかり把握して節税をしましょう。

50 災害・盗難にあった時の補てんとは？

地震大国、日本。災害などにあった人に対して、税金の負担を軽くしようとするのはしごく当然の制度といえるでしょう。

具体的には、災害または盗難もしくは横領などによって、資産の損害を受けた場合などには、一定の金額の所得控除を受けることができます。これを「**雑損控除**」といいます。控除の対象となる災害は次の通りです。

（1）震災、風水害、冷害、雪害、落雷など自然現象の異変による災害
（2）火災、火薬類の爆発など人為による異常な災害
（3）害虫などの生物による異常な災害
（4）盗難
（5）横領

具体的にいうと、（1）は自然現象の異変によるもの、ということで、豪雪地帯などでの雪下ろしなどもこれに当てはまります。

また（3）についてはシロアリの駆除、また自宅にスズメバチの巣があり、身に危険を与える可能性がある場合の駆除なども控除の対象となります。

この他に詐欺や恐喝の被害などのケースも考えられますが、この控除制度からは除外されます。

前ページで説明した（1）～（5）の災害にあった場合、その災害にあった本人や配偶者、その他親族〔所得金額48万円以下の人〕の受けた損失金額が対象となります。ただし、あくまで普通の生活を営むためのものに対する損害に限られますので、別荘や貴金属類など、いわゆるぜいたく品は対象とはなりません。

損失金額の計算は、次の通りで、その損失について保険金などで補てんされた金額は差し引いて計算されます。

差引損失金額　＝　損害金額　＋　災害関連支出の金額　－　保険金などにより補てんされる金額

控除の適用を受ける金額は、次の2つのうちいずれか多いほうの金額です。

（1）（差引損失額）－（総所得金額等）× 10%
（2）（差引損失額のうち災害関連支出の金額）－ 5万円

また、損失額が大きすぎてその年の所得金額から引ききれない金額がある場合は、その年の翌年以降3年間の繰り越し控除が認められています。

この雑損控除は、年末調整では控除することができないので、災害を受けたことに関して、自ら計算し、確定申告をすることで税金を取り戻さなければなりません。

さらに、その確定申告の際には、災害関連の支出の金額についての領収書などの添付または提示が求められますので、関係書類は必ず保管しておきましょう。

意外と知られていない「雑損控除」ですが、大規模災害だけでなく、盗難など、比較的起きる確率が高い被害も対象となるので、覚えておくと良いでしょう。

51 災害減免法による救済措置とは

最近、毎年のように各地で災害の被害が報告されています。災害はいつ自分の身に降りかかってくるかわからないものです。

さて、豪雨などのような災害にあった場合、当然、税金の救済措置があります。その一つが前項目で説明した雑損控除で、こちらは所得控除として使うことができます。

災害を受けた対象が住宅と家財で、その損害額が住宅や家財の価額の2分の1以上の場合には、雑損控除に代えて災害減免法による税額控除を使うことができます。雑損控除と比べて、どちらか有利なほうを使うことになります。災害減免法による所得税の免除・軽減額は、次のように所得金額によって決まっています。

- **所得金額が500万円以下　全額**
- **所得金額が500万円を超え750万円以下　2分の1**
- **所得金額が750万円を超え1000万円以下　4分の1**

つまり、その年の所得金額が500万円以下であれば、所得税の負担はないことになるのです。ただし、税金的に有利か不利かの判断はこれだけで行うことはできません。雑損控除は、その年の所得金額から引ききれなかった損失額について、翌年以降３年にわたり繰り越して控除することができ、その年の所得金額を超える大きな損害を被った時には雑損控除が有利になることがあります。また、**災害減免法については所得金額１０００万円超の人は使うことができません**（次ページ図25）。

このようにその時の状況に応じてどのように申告するかを決めていくわけですが、そもそも災害にあってしまったら、期限内に申告することや納税することすらできない状況になっていることも考えられます。そのような場合についても制度としては、配慮がなされています。申告については、申告できない状況でなくなった日から２カ月以内の範囲でその期限が延長されます。納税については、損失を受けた日以後１年以内に納付すべき税金については、その納期限から1年の猶予が認められています。その他、自分で商売を行っている方や法人で営業している会社についても、様々な特例措置が設けられていますので、国税庁のHPなどで確認してください。

さらに、義援金などを受け取った場合の課税については、改めて言うまでもありませんが、そのような趣旨のお金に税金がかかることはありません。

図25：雑損控除と災害減免法

<table>
<tr><th></th><th>所得税法（雑損控除）</th><th colspan="2">災害減免法</th></tr>
<tr><td>損失の発生原因</td><td>災害、盗難、横領による損失が対象となります。</td><td colspan="2">災害による損失が対象となります。</td></tr>
<tr><td>対象となる資産の範囲等</td><td>住宅及び家財を含む生活に通常必要な資産が対象となります。
（棚卸資産や事業用固定資産、山林、生活に通常必要でない資産は対象とはなりません）</td><td colspan="2">住宅及び家財が対象となります。
（損害金額が住宅又は家財の価額の2分の1以上であることが必要です）</td></tr>
<tr><td rowspan="4">控除額の計算又は所得税の軽減額</td><td rowspan="4">控除額は次の〈イ〉と〈ロ〉のうちいずれか多いほうの金額です。
〈イ〉損害金額 －所得金額の10分の1
〈ロ〉損害金額のうちの災害関連支出の金額 －5万円</td><td>その年分の所得金額</td><td>所得税の軽減額</td></tr>
<tr><td>500万円以下</td><td>全額免除</td></tr>
<tr><td>500万円超750万円以下</td><td>2分の1の軽減</td></tr>
<tr><td>750万円超1,000万円以下</td><td>4分の1の軽減</td></tr>
<tr><td>その他の事項</td><td>災害等に関連してやむを得ない支出をした金額についての領収書を確定申告書に添付するか、確定申告書を提出する際に提示することが必要です。
雑損控除の金額について、その年分の所得金額から控除しきれない金額がある場合には、翌年以後3年間繰り越して各年分の所得金額から控除することができます。</td><td colspan="2">原則として損害を受けた年分の所得金額が1,000万円以下の人に限ります。

この措置の適用を受けるためには、確定申告書等に適用を受ける旨、被害の状況及び損害金額を記載する必要があります。</td></tr>
</table>

52 本人も家族も適用される障害者に優しい控除

「**障害者控除**」は、自分自身が障害者の場合にも適用がありますが、その他、同一生計配偶者や扶養親族が障害者の場合に、一定金額の所得控除を受けることができます。

障害者控除の金額は障害者1人につき27万円、特別障害者に該当する場合は40万円。

さらに、同一生計配偶者または扶養親族が特別障害者に該当し、納税者または納税者の配偶者もしくは納税者と生計を一にするその他の親族のいずれかとの同居を常況としている場合の控除は75万円です。

また、他の控除との関係では、扶養控除の中でその適用がない16歳未満の扶養親族がいる場合でも障害者控除は適用されます。この障害者控除は年末調整でも控除可能です。

この時に注意していただきたいのは、会社に提出する「**扶養控除等（異動）申告書**」への正確な記入です（次ページ図26）。

扶養控除等（異動）申告書の障害者欄には、本人、同一生計配偶者、扶養親族がそ

図 26：扶養控除等（異動）申告書の障害者欄

該当者＼区分	本人	同一生計配偶者※	扶養親族
一般の障害者			（　　人）
特別障害者			（　　人）
同居特別障害者	／		（　　人）

※同一生計配偶者とは、生計を一にする配偶者で、所得の見積額が 48 万円以下（令和 5 年中）の人をいう。

れぞれ一般の障害者か特別障害者か同居特別障害者であるかを記入するようになっています。

この部分を正確に書かなければ正規の控除を受けられない場合もありますので、注意してください。

53 高齢者ならではの節税方法がある！

障害者だけではなく、一部の高齢者の方が使える控除もあります。

配偶者控除

配偶者控除は38万円の控除が受けられますが、配偶者が高齢である場合、その控除額は48万円と増額されます。これを「**老人控除対象配偶者**」といいます。

この控除の要件は、他の扶養控除と同じで所得金額48万円以下であること、年齢はその年の12月31日現在で70歳以上であることです。

扶養控除

扶養親族のうち、その年の12月31日現在70歳以上の人については、老人扶養親族として48万円が控除、さらに同居している直系尊属（親や祖父母）の場合は、58万円が控除されます。

公的年金等控除

所得控除ではありませんが、公的年金を受け取った人については、一定の金額を控除した上で所得金額の計算をすることになっています。この公的年金等控除の場合は、65歳を境に負担減が設けられています。

157ページ図27のように、その年の12月31日現在で65歳以上の人については、税金負担が少なくなるような制度になっています。

たとえば、令和2年から65歳の方で350万円の公的年金だけを受け取っている場合、

350万円×75％－27万5000円＝235万円

235万円が雑所得となります。

なお、年金以外に所得がある方はその金額をプラスし、所得控除を差し引いて課税所得を出すことになります。

令和２年以降		
公的年金等の控除額		
公的年金等に係る雑所得以外の所得に係る合計所得金額		
1,000万円以下	1,000万円超 2,000万円以下	2,000万円超
	収入金額 －100万円	収入金額 －90万円
収入金額×100% －60万円	収入金額×100% －50万円	収入金額×100% －40万円
収入金額×75% －27.5万円	収入金額×75% －17.5万円	収入金額×75% －7.5万円
収入金額×85% －68.5万円	収入金額×85% －58.5万円	収入金額×85% －48.5万円
収入金額×95% －145.5万円	収入金額×95% －135.5万円	収入金額×95% －125.5万円
収入金額 －195.5万円	収入金額 －185.5万円	収入金額 －175.5万円
	収入金額 －100万円	収入金額 －90万円
収入金額×100% －110万円	収入金額×100% －100万円	収入金額×100% －90万円
収入金額×75% －27.5万円	収入金額×75% －17.5万円	収入金額×75% －7.5万円
収入金額×85% －68.5万円	収入金額×85% －58.5万円	収入金額×85% －48.5万円
収入金額×95% －145.5万円	収入金額×95% －135.5万円	収入金額×95% －125.5万円
収入金額 －195.5万円	収入金額 －185.5万円	収入金額 －175.5万円

図 27：公的年金等に係る雑所得の速算表

	公的年金等の収入金額
65歳未満	公的年金等の収入金額の合計額が 60 万円までの場合、所得金額はゼロになります
	60万円超130万円未満
	130万円超410万円未満
	410万円超770万円未満
	770万円超1,000万円未満
	1,000万円超
65歳以上	公的年金等の収入金額の合計額が 110 万円までの場合、所得金額はゼロになります
	110万円超330万円未満
	330万円超410万円未満
	410万円超770万円未満
	770万円超1,000万円未満
	1,000万円超

54 寄附金で税金が戻ってくる

節税のために寄附をする人は少ないと思いますが、寄附金のうち次に定める一定のものについては、「特定寄附金」として所得控除を受けることができます。これを「**寄附金控除**」といいます。

（1）国、地方公共団体に対する寄附金
（2）公益社団法人、公益財団法人など公益を目的とする事業を行う法人等のうち財務大臣が指定した一定のもの
（3）所得税法に掲げる法人などのうち、教育又は科学の振興、文化の向上、社会福祉への貢献その他公益の増進に著しく寄与するもののうち一定のもの
（4）特定公益信託のうち、その目的が教育又は科学の振興、文化の向上、社会福祉への貢献その他公益の増進に寄与する一定のもの

（5）政治活動に関する寄附金のうち、一定のもの
（6）いわゆる認定NPO法人に対する寄附金のうち、一定のもの
（7）特定新規中小会社により発行される特定新規株式を払込みにより取得した場合の特定新規株式の取得に要した金額のうち一定の金額（800万円を上限）

具体的にいいますと、日本赤十字社、日本ユニセフ協会、国境なき医師団、公立学校への寄附などが該当します。

節税を考える上で、まず大切なことは自分が寄附しようとしている寄附金は、これら所得税法などに定められた寄附金であるかどうか、ということです。それが指定されたものであるかどうかは、寄附先に問い合わせをすれば教えてくれますし、国税庁のホームページなどでも公表されていますので、寄附する前に確認をするのが良いでしょう。ちなみに、特定の個人への寄附は該当しません。

また寄附金控除の金額は、

次のいずれか低い金額　－　2000円　＝　寄附金控除額

① その年に支出した特定寄附金の額の合計額
② その年の総所得金額等の40％相当額

つまり、年間2000円以上の特定寄附金を支出していれば、この控除の対象となるということです。

この寄附金控除は、確定申告によってのみ適用が可能ですので、自分で申告することになりますが、ここで特に注意しなければならないのが、必要書類です。

寄附金控除の適用を受けるためには、寄附した事実を証明する書類、基本的には〝領収書〟（パソコンなどで処理された記録を印刷した書面を含みます）が必要になります。

場合によっては、その法人・団体などが指定されているものであるかを証明する書類の写しも必要になることがありますので注意しましょう。

55 政党に寄附するとお得？

所得税の計算の中で、扶養控除や生命保険料控除は、所得金額から課税対象となる課税所得を減らす、**「所得控除」**といわれるものです。

「寄附金控除」も、この所得控除の一つですが、寄附金については税額控除の制度も用意されています。

税額控除とは、その名の通り、直接税額から一定の金額を控除するもので、税率をかける前の所得から控除する所得控除よりも節税の効果が大きいといわれるものです。

寄附金控除については、先に説明した所得控除の「寄附金控除」と、ここで説明する税額控除の「寄附金控除」があります。納税者は、どちらの制度も選択できますが、当然最終的に有利になる方法を選択することになります。

ただし、今回説明する税額控除の寄附金控除は、所得控除の寄附金控除とその対象となる寄附金の種類が限定されています。

つまり、**税額控除の対象となるのは、平成7年1月1日から令和6年12月31日まで**

に支払った政党又は政治資金団体に対する政治活動に関する寄附金で一定のもの（以下**「政党等に対する寄附金」**）と、されているのです。

所得控除には、「政治活動に関する寄附金のうち、一定のもの」と規定されている寄附金の他、国や地方公共団体に対するものなど、いくつかの寄附金に関してその対象とされていましたが、主な税額控除としては政党等に対するものがあります。

〃一定のもの〃というのは、政治資金規正法の規定に基づく寄附金です。特別控除額の具体的な計算式は、

（その年中に支払った政党等に対する寄附金の合計額－2000円）× 30％ ＝ 政党等寄附金特別控除額（100円未満切り捨て）

つまり、支払った金額の約3割が所得税額から直接控除されるため、節税効果が大きいのです。

ただし、この特別控除額の限度額は、その年分の総所得金額の40％相当額とされており、無制限に控除できるわけではありません。そして、所得控除の寄附金控除と同

様、この制度の適用を受ける時は、自分で確定申告をしなければなりません。

また、その適用にあたっては、控除が大きくなる可能性もあり、かなり厳密な手続きを求められます。

具体的には、この制度を利用した控除額についての明細書「**政党等寄附金控除特別控除額の計算明細書**」の添付と総務大臣または都道府県の選挙管理委員会等の確認印のある「**寄附金（税額）控除のための書類**」を添付する必要があります。

56 ふるさと納税は絶対に利用すべし

人気の「**ふるさと納税**」ですが、これはひと言でいうと、自治体への寄附金のことです。個人が2000円以上の寄付をした時に、本来かかる住民税の2割を限度に、住民税と所得税を減額する制度です。他の寄附金と異なる点は、高級霜降《しもふ》り肉に新鮮な魚、地元の銘菓など、その地域の特産品を「ふるさと納税」の〝お礼の品〟として手に入れることができること。

すっかり制度として定着した感のあるふるさと納税ですが、これも税金の新しい支払い方と考える人も多いでしょう。しかし、ふるさと納税は制度としては先に述べたように、**寄附金の一つ**です。

ふるさと納税はお得という話はよく聞かれると思いますが、何がどのくらいお得なのかというのは、今一つわかりづらいようです。理由は、所得税と住民税に分けて計算しなければならないことと、その計算方法がそれぞれ異なることがあげられます。

計算式はやや複雑ですが、シンプルな考え方としては、年間2000円を超える額をふるさと納税として寄附をした場合、寄附した金額から2000円を引いた金額は、結果として税額から控除されるということです。

もっと簡単に言うと、年間2000円の負担で〝お礼の品〟を手に入れることができるという制度なのです。

たとえば年間12000円のふるさと納税をすると、1万円の税額控除が受けることができるため、2000円の負担でお礼の品を得られることになります。それなら給料のすべてをふるさと納税して、ふるさと納税のお礼の品で生活しようとする人も出てくるかもしれませんが、そうはなりません。ふるさと納税としてできる寄附金の控除の限度額が定められているからです。これもやや複雑な計算式です。

ふるさと納税の上限額＝（住民税の所得割額×20％）÷（90％－所得税率×1.021※）＋2000円　※令和19年分までは復興特別所得税（所得税の2.1％）を加算

ふるさと納税を行った場合、他の寄付金控除を受ける時と同じく基本的には個人で確定申告をしなければなりません。

ただし、平成27年分からは**給与所得者で自治体5カ所までのふるさと納税であれば、確定申告ではなく、年末調整でも手続きができるようになりました。**

確定申告の手続きでは、一つひとつの自治体の証明書を入力するのではなく、特定事業者（ポータルサイト）が発行する「寄附金控除に関する証明書」のみの添付で済むようになっています。さらに、マイナポータル連携も利用できるようになり、手続きが簡略化されています。お得なふるさと納税。ぜひ、チャレンジしてみてください。

また令和元年6月からふるさと納税に関しては、ルールが厳格化されました。お礼の品を寄付額のおおむね3割以下にすることと、地元産品であることです。

その結果、それまでのような還元率が極端に良いものや地場産品でないものは対象とならず、自治体によってはこの制度を利用することができないところもあります。

ただ、税金の控除の仕組み自体は変わらないので、ルールを守っている自治体については引き続き利用することができます。

57 ふるさと納税の得するやり方

ふるさと納税は、お勧めの制度ですが、前項目で説明したように控除額の計算が少し複雑です。ふるさと納税はあくまで寄附金控除なので、所得税と住民税の2つにまたがって控除され、限度額以内かどうかを確認するのが難しいのです。限度額いっぱいまで寄附をしようとすると、まずは自分のその年の所得金額を把握しなければなりません。といってもその年の途中で正確な所得金額を把握することはできないため、あくまで概算で行うことになります。会社員など給与所得の方はある程度、その年の所得を予想できますが、冬のボーナスの金額によってはかなりの誤差が生じる可能性も。**そこで複数の自治体にふるさと納税を行う方は、年の途中では限度額に余裕をもった金額でふるさと納税をする**ことをお勧めします。年末に近づいた頃には、その年の所得金額が把握できるはずなので、限度額を計算した後に年内にふるさと納税を実施するという方法が確実です。インターネットサイトなどで限度額シミュレーションもありますので、それらを利用して効率良くふるさと納税を行いましょう。

58 たばこ、お酒は〝税金のかたまり〟⁉

〝税金〟というと、直接的に支払っている所得税や法人税などに目がいきがちですが、私たちは日常生活の中で、様々な税金を支払っています。

もっとも身近なものとしては、「たばこ」。たばこは税金のかたまりといわれるほど、税金が課せられています。

国たばこ税、都道府県たばこ税、市町村たばこ税、たばこ特別税、さらには消費税の5つの税金がかけられているのです。

1箱580円のたばこにこれらの税金をかけていくと、全部で357・61円、これを割合にしてみると61・7%、税率にすると161%程度ということになります。

たばこ税は平成30年10月に増税され、その後、令和2年と令和3年に段階的に増税されています。また最近流行りの加熱式たばこですが、こちらも令和4年までに段階的に増税されています。愛煙家にとっては受難の時代がきそうです。

嗜好品《しこうひん》ということでは、「お酒」もなかなかの税負担率です。お酒には酒税、と消費税の2つの税金がかけられています。その税率は、お酒の種類によってばらつきがありますが、だいたいが30％台という高税率です。

現在、ビール系のお酒は〝第3のビール〟〝発泡酒〟〝ビール〟と3種類がありますが、令和8年10月には税率が1キロリットル当たり15万5000円（350ミリリットル換算54・25円）と一本化されます。それに伴いビールは減税、第3のビールと発泡酒については増税が予定されています。

所得税率で100％を超える数字は存在しませんし、30％となると課税所得で900万円超のラインです。

節税というわけではありませんが、たばこ税は買われた地方自治体の税収になるものですので、地元で買えば税収増に貢献することになります。

59 死亡したら住民税は？

「確定申告は3月15日までに」。確定申告の季節が来ると、このようなキャッチコピーを目にする機会が多くなります。確定申告は、前年分の所得税について確定する手続きをいいます。この確定申告によって税金を取り戻すこともできますし、不足額があれば追加で納税することになります。

生きている間は、毎年3月15日までに申告をすればいいのですが、死亡した場合の申告についてはあまり知られていません。もし、まわりで死亡した人がいたら、誰がいつまでにどのように申告しなければならないのでしょうか。

死亡した時の税金というと、相続税が頭に浮かぶと思いますが、相続税の申告はある程度の財産額がなければする必要はありません。

相続税は基礎控除額である3000万円と法定相続人1人あたり600万円の合計額に達しない場合は、申告する必要はありません。ですので、ほとんどの方が相続税の対象外となります。

ただし、所得税は別です。年の途中で死亡した場合、生前にもらっていた収入に基づき所得税の申告を行わなければなりません。相続税を申告しなければならない人はあまりいませんが、所得税の場合はほとんどの人が申告をしなければならないはずです。このような年の途中で死亡した時の申告を、「**準確定申告**」といいます。

この時点で本人は死亡しているので、その人の申告はその人の法定相続人が行うことになります。

その**申告期限は、亡くなったことを知った日から4カ月以内**となっていますので、〝確定申告＝3月15日まで〟と覚えている人は、注意が必要です。

各種所得の計算は、基本的に生きている人の確定申告とほぼ同じですが、扶養控除などの判定は「12月31日の現況」ではなく**「亡くなった日の現況」で判断する**ことになります。

また、住民税については、1年遅れて課税通知が本人の手元に届き、それに基づいて納税することになっていますが、亡くなった方の場合、亡くなった翌年の住民税は課税されません。住民税の課税は、その年の1月1日現在に居住している方に対してなので、前年中に亡くなった方に住民税は課税されないのです。

入が一定以下の人については、申告不要の制度が設けられています。具体的には以下に該当する方は申告しなくてもかまいません。

1. 公的年金等の収入金額の合計額が400万円以下であり、かつ、その公的年金等の全部が源泉徴収の対象となる
2. 公的年金等に係る雑所得以外の所得金額が20万円以下である

もちろん申告した場合に税金が還付されようとも、反対に税金を追加で支払う必要があったとしても、申告不要なので関係ありません。

ただ一点だけ注意しなければならないことがあります。それは「住民税」です。所得税の確定申告をすると、自動的に住民税にそのデータが送られる仕組みになっているのですが、申告不要制度を利用した場合、住民税は申告されないことになります。

そうすると、公的年金の源泉徴収票だけで住民税が計算されるため、住民税額が大きくなることもあるのです。

手間ひまと税負担を考えて、この制度を利用するかどうかを決めたほうが良さそうです。

Column

高齢者は申告不要？

毎年3月15日が近づくと憂鬱になるのは、我々税理士はもちろんですが、申告をしなければならない方の中にもたくさんいらっしゃるようです。個人の確定申告は、一つの会社に勤めていて年末調整をしている方以外で、収入がある方がしなければならない手続きです。

しかし、申告時期が限られているため、税務署など申告会場はその時期常に混雑していて、窓口にたどり着くだけでもかなりの時間を取られます。

世の中はＩＴ時代。申告も自宅からe-Taxで申請すれば、ラクにできるのですが、そもそもインターネットを使ったことのない方にとってはハードルが高いでしょう。

特に高齢者の方はパソコンなど触ったこともない方も多いので、電子申告ができる人は少数派と考えられます。

国民年金などの公的年金をもらっている人も確定申告しなければなりませんが、自分で書けない方も多いのが事実です。そうなると、税務署で行っている確定申告の相談会場などで相談しながら申告することになります。

しかし、申告したからといっても還付される税金はごくわずか。電車やバスで1時間かけて行っても、資料不足でやり直しになることもしばしば。本当に気の毒になってしまいます。そんなことから、高齢者の方で年金収

5章

お金が貯まる人はここが違う！
金融投資にかかる税金と節税

60 銀行預金の利子にかかる税金の正体

個人の金融資産は、昔であれば預貯金が圧倒的なシェアを占めていましたが、最近は投資信託や株式、金などの商品先物取引などを行う人も増えてきました。それぞれの投資に応じて税金のルールは異なるため、どうすれば有利になるかは自分で勉強しておく必要があります。

最初にもっともなじみの深い、銀行や郵便局などに預けている預貯金に対する税金について説明していきます。

低金利時代といえども、私たちは年間いくらかの〝**利子**〟を受け取っています。

この利子についても、税金の対象となっています。受取利子に対する税金は、現在3つの税金が課せられています。

① 所得税　15％
② 復興特別所得税　所得税の2・1％（令和19年まで課税されます）
③ 地方税利子割　5％（平成28年から法人口座については課税されません）

15％＋15％×2・1％ ＋5％で、合計20・315％の税金が課税されます。

ただし、受取利子について確定申告した経験のある方は、ほとんどいないと思います。なぜなら、この利子に対する税金は、給料の所得税と同じように支払われる際に天引きされているからです。金融機関は、天引きした後の金額を口座に振り込んでいるのです。

また、この利子所得に関しては、他の所得と合算する必要のない〝分離課税〟方式をとっているため、受け取った人は申告する必要はありません。

預貯金の他に公社債の利子や合同運用信託、公社債投資信託、公募公社債等運用投資信託の収益の分配などが利子と同じ仕組みで課税されています。また、ほぼすべての人が課税される利子所得ですが、一部非課税の措置も用意されています。

（1）障害者等の少額貯蓄非課税制度

それぞれの元本の額が350万円までの利子等については非課税です。

（2）勤労者財産形成住宅貯蓄及び勤労者財産形成年金貯蓄の利子非課税制度

勤労者財産形成促進法に基づくいわゆる財形住宅貯蓄、財形年金貯蓄について、両方の貯蓄の元本の額の合計が550万円までの利子等については非課税です。

このほかに納税貯蓄組合預金の利子、納税準備預金の利子やいわゆる子供銀行の預貯金等の利子についても、非課税とされています。

61 株式の譲渡所得　覚えておきたい計算式

株式の売り買いをしている人は、莫大な金額の取引を膨大な回数行っていようと、趣味程度に取引をしていようと、頻度は問わず、売買益が出れば同じように税金を支払わなければなりません。

個人の株式投資の売買益については、もちろん「所得税」が課税されます。株式の売却益については、給与など他の所得と合算せず、〝分離課税〟として計算をしなければなりません。課税の対象となる譲渡所得の金額は次の算式で計算されます。

株式等に係る譲渡所得等の金額　＝　総収入金額（譲渡価額）－　必要経費（取得費　＋　委託手数料等）

譲渡所得は、売買で利益が出たものに対して課税される仕組みとなっています。

この売却益は、1年を通してトータルで計算します。当然、利益が出た取引、損した取引、それぞれありますが、その年の1月1日から12月31日まで行ったすべての取

図28：株式等の譲渡所得に対する税率

譲渡の形態	平成26年分～
金融商品取引業者などを通じた上場株式等の譲渡	20%（所得税 15% 住民税 5%）
上記以外の譲渡	20%（所得税 15% 住民税 5%）

※平成25年から令和19年まで、所得税の2.1%の復興特別所得税が課されています。

引について金額を計算することになるのです。

株式の譲渡所得については、平成25年までは、証券会社等を通じて売買した上場有価証券等に優遇された税率で課税されていましたが、平成26年分から所得税率は15%と本来の税率で課税されています。図28にある〝金融商品取引業者等を通じた〟というのは、ネット証券経由であってももちろん該当します。

また、上場株式以外の株式等については、所得税率15%というのは従来から変わりがありません。この住民税5%と合わせて20%という税率ですが、利子所得に対するもの、不動産の売却益など、〝分離課税〟のグループの原則的な税率ですので、覚えておくと便利です。

62 株式投資の売却損でもこんなに税金をおさえられる！

株式投資で売却損を出した場合、どうすれば税金を安くすることができるのでしょうか。

株式の売買についての所得は、譲渡所得として他の所得と合算できない〝分離課税〟となっています。

ですので、売却損を計上したとしても、その損失を他の所得と相殺することは原則できません。もちろん、その年に売却損を出した場合、株式譲渡にかかる所得税は課税されません。ここまで聞くと、申告しなくても良いのでは？　と考える方も多いと思いますが、税務上ペナルティを課されることはなくとも、放置しておくというのはお勧めしません。

株式譲渡所得の損失は、株式譲渡所得の利益と相殺することができますが、相殺してもまだ損失が残っている場合は上場株式等の配当とも相殺できるのです。

また、上場株式等についての売却損を上場株式等の配当と相殺するためには、確定申告をする必要があります。上場株式等の売買をしていれば、それを保有していた間に、配当を受け取っているはずです。

配当所得については、この後の項目で説明しますが、基本的にマイナスになることがない所得ですので、**譲渡損が出たらまず確定申告をして、上場株式等の配当所得と相殺をしたほうが有利**になります。

さらに、この配当所得と相殺してもまだ売却損の金額が残っている場合もあると思います。これも上場株式等の売却損に限られますが、その場合はその売却損を将来の売却益や配当所得と相殺することができる繰越控除の制度があるので、これを利用すると良いでしょう。

売却損については翌年以降3年間にわたり、確定申告により株式等に係る譲渡所得等の金額及び上場株式等に係る配当所得の金額から繰越控除することができます。

この譲渡損の繰越控除の制度を利用するためには、確定申告を行い、確定申告書に繰り越す譲渡損の金額を記載した付表を添付しなければなりません。

この際にもっとも気をつけなくてはならないことは、**繰り越した譲渡損を使わなかった年の分についても、確定申告を行い、譲渡損を繰り越す手続きをし続けなければならない**ということです。

忘れてしまった場合、せっかく相殺できる譲渡損は繰り越すことができず、切り捨てられてしまいますので注意しましょう。

平成28年1月1日から従来非課税であった公社債（公社債投資信託を含む）の譲渡益について、株式と同様に課税対象になりました。そのため、公社債などについてもこの項目で説明した上場株式等の譲渡損益や配当と通算できることになっています。

63 使いこなしたい〝配当〟にまつわる制度

株式投資を行う目的は、２つ考えられます。一つは売却益を狙う、もう一つは配当を狙う。どちらも利益が出ることもあれば、損失が出ることもありますが、〝配当〟について原則損失は出ません。

配当所得から差し引くことができるものは限られていますが、一定の要件のもと、配当を得るために株式を購入した際の借入金の利子については認められています。

配当所得は他の所得と合算できる〝総合課税〟が原則ですが、配当金を受け取る際は「所得税」が天引きされます。天引きされる源泉所得税は、上場株式等の場合、15％（プラス地方税５％）です。

また、上場株式等以外の株式等については、20％（地方税なし）となっています。

総合課税が原則である配当所得ですが、このほか分離課税制度や申告不要の少額配当の制度があります。それぞれ一長一短がありますので、自分に合った最適な方法で税務処理をする必要があります。

64 損をしない！　配当課税の上手な選び方

実は、配当所得の税金は少し複雑で、その選択によって税額に影響が出ます。

配当の場合は、まず**確定申告を「する」か「しない」かを選択する**ことになります。

配当所得では、〝**少額配当**〟については申告不要とされています。

少額配当とは、上場会社等の発行済株式等の３％以上を保有する大口株主以外で１銘柄について１回に支払いを受けるべき金額が、10万円以下（年換算金額）の配当をいいます。この場合、源泉の15％（プラス地方税５％）で納税が終了します。

仮にその本人の他の所得の状況で、所得税率が15％以上ならば、申告不要の制度を利用したほうが有利となります。また、確定申告をしたほうが有利な人は、さらに〝総合課税〟か〝分離課税〟を選択することになります。

分離課税の税率は、所得税15％（プラス地方税５％）ですので、他の所得が大きい人にとっては、分離課税のほうが有利となります（次ページ図29参照）。また、分離課税を選択したほうが有利になる点がもう一つあります。

図29：配当所得の課税関係

	確定申告をする		確定申告をしない 確定申告不要制度適用
	総合課税を選択	申告分離課税を選択	
借入金利子の控除	あり	あり	なし
税率	累進税率	所得税　15.315% 地方税　5%	所得税　15.315% 地方税　5%
配当控除	あり	なし	なし
上場株式等の譲渡損失との損益通算	なし	あり	なし

それは、上場株式等の譲渡損との通算ができるという点です。

181ページで紹介した、上場株式等で譲渡損を出した場合については、配当所得を分離課税として申告することによってのみ相殺が可能、となっているのです。

正確な数字は、その人の所得状況に応じてシミュレーションしなければなりませんが、総合課税を選択する場合、一般的に配当所得以外の課税所得金額が695万円以下の人であれば申告したほうが有利となり、900万円超の人は申告しないほうが有利となります。

その人の所得状況に応じて、有利不利がありますので、それぞれの制度の特徴をしっかり理解してから選択、申告しましょう。

65 〝特定口座〟を賢く使えば税金が戻ってくる!

各証券会社には、税金計算を簡単にできる仕組みが用意されています。その一つが〝特定口座〟と呼ばれるものです。証券会社では、その特定口座内で行われた売買取引について、取引のつど税金を天引きしてくれます。特定口座内で上場株式等の配当についても計算をしてくれるため、利用者は税金を計算する必要はありませんが、一方で税金を天引きしない、〝源泉徴収を選択しない〟という選択肢もあります。

その場合、売買益や配当金額については、年間の合計額を集計してくれますので、税金の計算は自分で行い、申告しなければなりません。ただし、所得金額が20万円以下の場合は、申告不要です。また、特定口座で〝源泉徴収あり〟を選択している場合は、納税は特定口座内で精算が終わっているため、申告は不要です。

ただし、複数の証券会社で株式の取引を行っているような方で、一方が売却益、他方は売却損となった場合には、確定申告をすると売却益を出した証券会社経由で納税した税金の一部または全部が戻ってくるので申告したほうが良いでしょう。

66 NISA《ニーサ》の賢い利用法

株式等の売却益で利益が出た場合の税率は、平成26年分から本来の税率である15％になっています。それまで軽減税率として7％だったわけですから、納税者にとっては〝増税〟ということになります。

そもそも、軽減税率を導入したのは、国民が貯蓄から投資へ、その財産形成の方法を変えてもらうという趣旨のためです。

株式投資に個人が参加するということは、ある程度根付いたものの、税率がもとに戻るとなると株式市場から個人投資家のお金が逆流しかねません。そこで、平成26年から令和5年までの10年間については、特別に軽減措置が設けられています。それが、NISA《ニーサ》（少額投資非課税制度）といわれるものです。

この制度を利用すると、上場株式等及び投資信託の売買益と配当金（分配金）が非課税となります。ただし、非課税枠は年間120万円で、一度売却してしまうと、使用した非課税枠の再利用はできません。

また、年間120万円の非課税枠の残額（未使用分）は翌年以降に繰り越すことはできません。

さらに、**ＮＩＳＡ口座の損失は、他に保有している特定口座や一般口座で保有する商品の売買益や配当金などとの損益通算ができませんし、繰越控除もできないので注意が必要**です。

つまり、ＮＩＳＡ口座内で購入した年間120万円までの株式等に関する配当と売却益は非課税になり、その年間120万円の投資の限度枠は単年度の使い切り、翌年に繰り越すことはできず、他の株式等の口座の譲渡損益とも合算できない仕組みとなっているのです。

年間120万円とはいえ、譲渡益や配当に関して本来であれば15％（地方税5％）であることを考慮すると、この制度を使わない手はありません。

ただし、ＮＩＳＡの利用については、いくつかの制限があるため、それらをきちんと理解しなければ、うまく節税できるどころかかえって余計な税金を負担しなければならないことにもなりかねません。

基本的な考え方として、ＮＩＳＡの口座で管理する株式等は長期保有で配当金（分配金）が安定的に見込めるものが中心となるでしょう。

はじめから売却損を出すことを想定して売買をする人はいないと思いますが、**NISA口座では利益を出すことを前提とした商品の取引が対象**となります。そのため短期売買で利ザヤを稼ぐというところには不向きであるといえるのです。確実に財産を増やすために、税制も応援している、というイメージで使うと良いでしょう。

また、平成28年4月からジュニアNISAが開始されましたが、利用者が当初想定していたよりも少なかったことから、令和5年で取り扱いが終了されました（令和6年以降、払出しが可能となっています）。

67 つみたてNISAはこう使え！

ＮＩＳＡ口座の売買については、少々仕組みが複雑です。平成28年から投資限度額１２０万円に対する配当金と譲渡益に対しては非課税となりましたが、その非課税の期限は**投資した年から5年**となっています。

投資金額が年間１２０万円までという制限があるため、確実に配当金を受け取れるものが望ましいでしょう。

また、売却益も非課税になるため、将来的に売却益が見込めるものが良いです。次ページ図30のように、理想は投資開始から４年間は配当金を受け取ることができ、5年目で売却益を出すことができれば税金的には良い投資といえるでしょう。

ただ、現実的にそんな都合の良い投資商品があるわけではありません。最初からこのような形で取引できるような商品はほとんど存在していないのです。

実際に投資をしてみて、理想に近い形で配当金や売却益を手にできれば良いですが、現実はそれほど甘くありません。この制度で恩恵を受けそうな投資としては、期間的

図30：NISA口座の非課税イメージ図

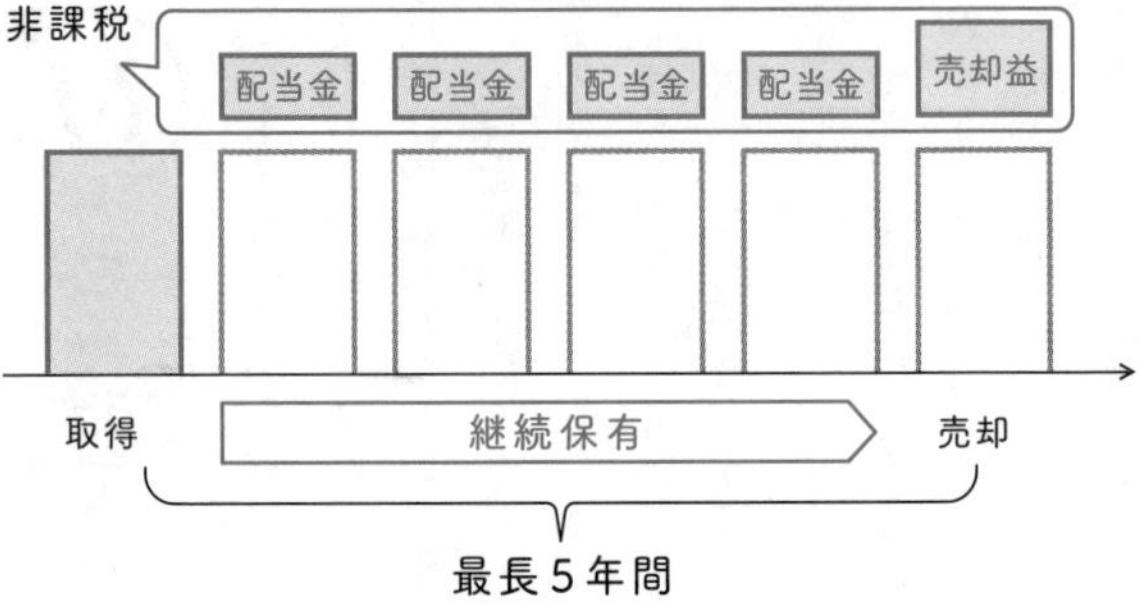

には長期保有目的、安定配当銘柄といったところでしょうか。

注意点は、ＮＩＳＡ口座で保有している上場株式の配当を非課税とするには、証券口座内で配当を受け取る「**配当金受取サービス（株式数比例配分方式）**」の申し込みが必要ということです。

また、平成30年から導入されたつみたてＮＩＳＡですが、こちらは毎年の限度額は40万円と小さくなる代わりに非課税の期間が従来の4倍の20年となります。こちらの制度は毎月など定期的にコツコツ積立を行うものですので、長期保有を目的とした投資信託がその投資の対象となります。

従来のＮＩＳＡと重複で適用することはできず、選択制となる点は注意が必要です。

68 生まれ変わった新ＮＩＳＡ

これまで紹介したＮＩＳＡ制度は、令和５年12月31日で終了しました。令和５年度税制改正により、**旧ＮＩＳＡ制度は廃止され、まったく新しく生まれ変わる新ＮＩＳＡ制度が令和６年１月１日からはじまります。**令和５年までの従来の制度では、株式や投資信託が購入できる「一般ＮＩＳＡ」と長期の運用を想定して投資対象を一定の投資信託に限定した「つみたてＮＩＳＡ」があります。

運用益と売却益が非課税となる保有できる期間としては、一般ＮＩＳＡでは５年間、つみたてＮＩＳＡでは20年と、どちらも期限付きの措置がとられています。しかも購入額には一般ＮＩＳＡは年間１２０万円、つみたてＮＩＳＡは年間40万円と上限が設けられています。

改正後の新ＮＩＳＡ制度では、従来のつみたてＮＩＳＡに相当する制度として「つみたて投資枠」が、一般ＮＩＳＡに相当する制度として「成長投資枠」が設けられ、つみたて投資枠と成長投資枠の併用が可能、口座開設可能期間・非課税保有期間がともに無期限化されます。また、非課税限度額は、一生涯累計で１８００万円（うち成長投資枠１２００万円以内）となります。

この改正は、最近の税制改正には珍しく節税が可能となるもので、国民に広く投資をしてほしい国の姿勢をうかがい知ることができます。

このＮＩＳＡ制度を使って節税しながら資産形成をするには、旧ＮＩＳＡ制度でもポイントとされていた**長期投資の視点と優良銘柄を選考できる能力が必要**になります。売買益と配当などに課税されない制度を利用したとしても、配当がない銘柄や売却益が計上できない銘柄に投資しても意味がないからです。

また、新ＮＩＳＡ制度と旧ＮＩＳＡ制度の適用の関係ですが、新旧制度は切り離して適用されることになっています。つまり、令和5年までの旧ＮＩＳＡ制度を利用していた場合は、旧制度のルールに従って期限措置などの適用を受けることになり、令和6年からの新制度については、新制度のもとで投資することになります。

つまり、旧制度でＮＩＳＡに投資していたとしても、新制度の１８００万円の累計非課税枠については、変わらないということです。使い勝手が良くなった新ＮＩＳＡ制度は、節税のみならず資産形成の視点からも注目されています。

図31：新NISA制度の内容

	つみたて投資枠 併用可	成長投資枠
年間投資枠	120万円	240万円
非課税保有期間（注1）	無期限化	無期限化
非課税保有限度額（総枠）（注2）	1,800万円 ※簿価残高方式で管理（枠の再利用が可能）	1,200万円（内数）
口座開設期間	恒久化	恒久化
投資対象商品	積立・分散投資に適した一定の投資信託〔現行のつみたてNISA対象商品と同様〕	上場株式・投資信託等〔①整理・監理銘柄②信託期間20年未満、高レバレッジ型及び毎月分配型の投資信託等を控除〕（注3）
対象年齢	18歳以上	18歳以上
現行制度との関係	2023年末までに現行の一般NISA及びつみたてNISA制度において投資した商品は、新しい制度の外枠で、現行制度における非課税措置を適用 ※現行制度から新しい制度へのロールオーバーは不可	

（注1）非課税保有期間の無期限化に伴い、現行のつみたてNISAと同様、定期的に利用者の住所等を確認し、制度の適正な運用を担保
（注2）利用者それぞれの非課税保有限度額については、金融機関から一定のクラウドを利用して提供された情報を国税庁において管理
（注3）金融機関による「成長投資枠」を使った回転売買への勧誘行為に対し、金融庁が監督指針を改正し、法令に基づき監督及びモニタリングを実施

※2023年末までにジュニアNISAにおいて投資した商品は、5年間の非課税期間が終了しても、所定の手続きを経ることで、18歳になるまでは非課税措置が受けられることとなっているが、今回、その手続きを省略することとし、利用者の利便性向上をめざす

出典：金融庁HP

69 iDeCoで運用、賢く節税

〝イデコ〟という言葉を聞いたことがあるでしょうか。

イデコは通常「ｉＤｅＣｏ」と表記されていて、「個人型確定拠出年金」といわれる私的年金制度の一つです。国民年金や厚生年金などの公的年金は、法律によって掛け金などの金額が決まっていますが、「ｉＤｅＣｏ」に代表される私的年金では、その掛け金などは自分で決めることができることになっています。

「ｉＤｅＣｏ」は、基本的に20歳以上60歳未満のすべての方が加入できる任意加入制度で、自分で申し込み、掛け金（月々５０００円〜、掛金額を１０００円単位で自由に設定）を拠出し、自らが運用方法を選び、掛金とその運用益との合計額をもとに給付を受けることができます。

この制度の特徴は、自分で決めた運用方針に沿って複数の運用商品から選択し、どの運用商品をどれだけ購入するかの配分（掛金の何パーセントをどの商品に振り分けるかの比率）を自分で決めることができるということです。つまり、自分で決めた配分比率に基づいて、運用商品が購入されます。公的年金の受給額が少なくなる中、自分で将来の年金を確保するという目的があるのです。そのため、税金的にも次のようなメリットが準備されています。

1　掛金が全額所得控除　掛け金は所得控除になるので、節税が可能です

2　運用益も非課税で再投資　配当や売却に係る運用益については税負担がありますが、この制度では非課税となるため、より高い運用益が望めます

3　年金として受け取る場合は「公的年金等控除」、一時金の場合は「退職所得控除」の対象となります

掛け金の支払い時、運用時、さらには受取時において、税金のメリットが準備されているため、節税効果は高いといえます。また、次ページ図32にあるように、その掛け金はその人の属性によって限度額がそれぞれ決められていますので確認が必要です。

iDeCoは私的年金の一つですが、公的年金並みに税金の軽減が受けられるので、利用を検討してみるのも良いと思います。

図32：「iDeCo」の拠出限度額

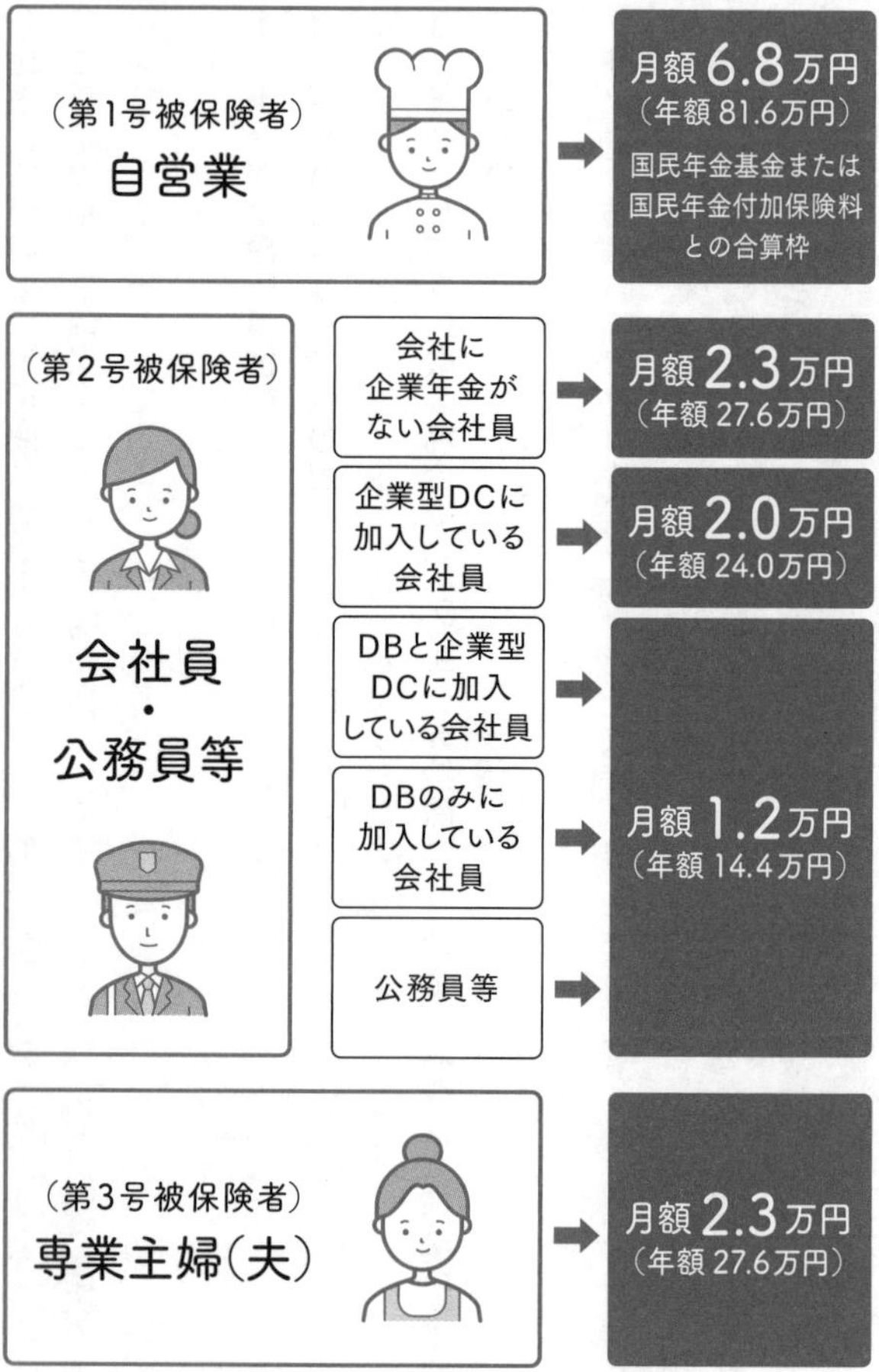

▶DC：確定拠出年金　DB：確定給付企業年金

70 金取引は税法を使いこなせばうまくいく！

株式投資だけでなく、為替取引や商品先物をやっている人も多くいますが、その中で依然として人気が高いのが、「金」の取引です。金は株式などと異なり価値がなくなることがない、というのが人気の理由です。昔から保有していた金が、いつの間にか値上がりしていて売却したらまとまった利益が出た、という話も聞きます。しかし、意外に金の売買に関する税金のことは知られていません。

では、金の売却に関しては、どのような税金がかかるのでしょうか。

まず、金取引については**消費税が課税**されています。購入時、売却時、ともに消費税が課税されているのです。購入時、売却時は、たいてい税込であるため、ほとんど消費税を意識することはありません。

また、金の売却によって利益が出た時に多く課税されるのが、「**所得税**」です。金の「売却益」は、譲渡所得となります。

その時、他の所得と合算して計算する〝総合課税〟となっており、課税対象となるのが、「売却益」です。

売却益　＝　売却価額　－（取得価額　＋　売却費用）

ただし、この売却益にそのまま税率をかけるわけではありません。総合譲渡所得に関しては、特別控除額として50万円を差し引くことができるのです。年間売却益を50万円の範囲内にすれば、税金はかからなくなり、節税は可能です。

また、譲渡所得については、所有期間で「長期」「短期」の区分がされます。この長期と短期の区分は5年です。課税上は「長期」が有利になります。

つまり、購入してから5年超経過していれば、〝長期総合譲渡所得〟となり、前述の売却益から50万円を差し引いた金額をさらに2分の1にした金額が、課税の対象となります。

もちろん、5年以内の短期譲渡であっても、特別控除の50万円を差し引くことはできますが、節税を考えるのであれば、所有期間が5年以内というのは避けたいところです。そして、金の売却益については、〝総合課税〟ですので、他の所得が大きければその所得金額に比例して、売却益にかかる税率も高くなります。

たとえば会社を退職した次の年のような、他の所得が低い時期に売却益を出すというのは節税になります。

金の売買にタイミングが重要なように、税金もタイミングが重要なのです。

71 保険金は受取方法で税金も変わる！

生命保険に加入する一番の目的は、死亡保障でしょう。本人が亡くなった時に、残された遺族のその後の生活のために、保険をかけておくという人は多いと思います。

しかし、保障を中心とした本来の生命保険の使い方は他に、資産形成としても利用することもできます。たとえば終身保険や養老保険といわれる商品。

これらは積立型の商品で、加入してから数年後に解約返戻金を受け取ることができるものがほとんどです。

所得税の課税対象となるのは、自分が負担した保険料を超える解約返戻金を受け取った場合です。この場合の満期保険金は、受け取りの方法により、「一時所得」または「雑所得」となります。それによって、課税の方法も違ってきます。

満期保険金を〝一時金〟で受領した場合

満期保険金を一時金で受領した場合には、「**一時所得**」になります。一時所得の金額は、受け取った保険金の総額から自分が払い込んだ保険料を差し引き、そこから一時所得の特別控除50万円を差し引いた金額です。そして課税の対象になるのは、この金額をさらに2分の1にした金額です。半額になるので、税金的にはお得といえます。

満期保険金を〝年金〟で受領した場合

満期保険金を年金で受領した場合には、公的年金等以外の「**雑所得**」になります。

雑所得の金額は、その年中に受け取った年金の額から、その金額に対応する払込保険料または掛け金の額を差し引いた金額です。

どちらの場合も、他の所得と合算して税額を計算する総合課税ですので、他の所得金額が低い年に受け取ることができれば節税につながります。

実際にもらった保険金について申告をしていないという申告漏れがよくみられますが、この所得については、自分で確定申告しなければ、税金の精算は終わりません。保険金については保険会社は税務署に〝支払調書〟を提出しているため、税務署はすべて把握しています。申告漏れの指摘を受けることのないように注意が必要です。

72 外貨預金の賢い運用法

現在、日本国内の預金利息はどんなに高い金利であってもゼロコンマ数%程度。この水準であれば、そうそう財産を増やすことはできません。このような状況の中、金利の高さが目立つのは「**外貨預金**」です。

ただ、外貨預金で怖いのは、**為替相場の変動**です。相場の状況によって、預けていた外貨を円に換える時に、損をする可能性があるのです。もちろん、為替差益を得る可能性もあり、その場合は税金が課されることになります。

外貨預金では2つの場面で税金を考えなければなりません。一つは金利を受け取った時、もう一つは外貨を円に換えて差損益が生じた時です。

このうち金利を受け取った場合は、税金をあまり意識しなくても良いでしょう。国内金融機関が扱う外貨預金であれば、その金利については利子所得として15%（プラス地方税5%、復興特別所得税0・315%）が源泉分離で差し引かれていますので、受け取った個人は何もしなくて良いのです。問題は、「**為替差損益**」が生じた場合です。為替差益が生じた場合、課税対象となるのは、その「差益」についてです。所得区分は、「雑所得」として計算することになり、他に所得がある場合は合算して所得税額を計算することになります。反対に為替差損が生じた場合、同じ雑所得内での相殺は可能ですが、他の所得と相殺はできないので注意が必要です。サラリーマンの場合、給与収入の金額が2000万円以下で、雑所得の金額が年間20万円以下であれば申告する必要はありませんが、それ以外の人は申告しなければなりません。

また、最近では、日本国内の外貨を扱う金融機関ではなく、海外の金融機関に直接預金をするケースもありますが、その場合、税金の取り扱いが少し変わってきます。このうち「為替差益」については、国内の場合と同様です。

一方、受け取る利子については海外であるため国内の預金と同じ取り扱いはできません。利子所得について金利に対する税金を天引きすることができないのです。

海外金融機関から金利を受け取った場合には、自分で利子所得の申告をしなければなりません。加えて、海外でその国の税金を差し引かれている場合は、その金額を〝外国税額控除〟として日本の所得税から差し引くことができます。海外に口座がある場合は、課税関係も複雑になるのです。

73 知らないと恐ろしい、FX取引の税金

ＦＸとは〝**外国為替証拠金取引**〟といい、その仕組みは一定の証拠金を預け、証拠金の数倍の外国為替取引ができるものです。少額の証拠金でも大きな取引ができるため、為替相場の予想が当たれば莫大な利益を上げることも可能ですが、反対に莫大な損失を被るリスクもあります。ＦＸ取引で得た所得は所得税の対象となり、その区分は「**先物取引に係る雑所得等**」。雑所得は、原則は他の所得と合算して計算する総合課税ですが、ＦＸ取引については、他の所得と合算しない〝分離課税〟として取り扱われます。税率は所得税15％（プラス地方税５％）です。しかし、ＦＸ取引は必ず利益が出るわけではありません。税金の世界では、損した場合は所得から差し引けるという原則がありますが、ＦＸ取引で生じた損失は他の所得と相殺することができません。しかし、**先物取引については相殺が可能**です。この場合、相殺をしてもなお引ききれない損失の金額は、一定の要件の下、翌年以降３年間損失を繰り越すことで、その翌年のＦＸ取引などの所得から控除が可能です。

74 余計な税金を払わない！ 海外資産の守り方

最近は投資対象が海外にも増えてきました。それ自体は問題ないのですが、税金面から見ると少々問題があります。それは、相続財産から海外資産を除いてしまうケースが多いということです。税務当局は、海外にある資産の把握が難しいため、申告漏れを防ぐために、**毎年ある一定以上の財産を保有する人**に対し、「**国外財産調書**」の提出を義務づけています。この制度は、その年の12月31日時点で、国外財産の価額合計額が5000万円を超える人は、その財産の種類、数量及び価額その他必要な事項を記載した国外財産調書を、その年の翌年の3月15日までに提出しなければならないというものです。これは海外資産の相続税などの申告漏れを防止する趣旨で設けられていますので、きちんと調書を提出している人については、申告漏れがあっても過少申告加算税の軽減措置が用意されています。

反対にきちんと調書を提出していない人に対しては、過少申告加算税の加重措置など実刑を含む厳しいペナルティがありますので気をつけましょう。

75 海外に出国する時に課される税金とは？

出国の際にも課税されるものがあるのをご存知でしょうか？

この制度は正式には、「**国外転出時課税制度**」といい、日本から国外に住居を移し、帰国しない予定の人に対する課税制度です。

最近、税負担の増加などに伴い日本を脱出して国外に住む富裕層が増えています。そういう方が海外に転居すると、日本で税金を納めてもらうことはできなくなるのです。

たとえばシンガポールでは資産に対する課税はありません。海外に転居することによって、国際的に税負担を免れることができるため、日本から去るその瞬間に最後の税金を納めてもらおうというのがこの制度の趣旨なのです。

ただしこの制度の対象となるのは、**5年以上日本に居住していて、かつ有価証券などの対象財産を1億円以上所有している人**となるので、かなり限定されます。

課税自体は、その時に所有している有価証券の含み益に対してなされます。現実に売買していなくても、課税される特例ともいえます。

海外関連の税制は厳しくなっている、ということを裏づける制度でもあります。

また、国外転出時課税制度とは別に、海外に出るたびに課税される税金もあります。いわゆる「**出国税**」といわれる税金ですが、この税金は平成31年1月7日以後の出国に適用され、正式には「**国際観光旅客税**」といいます。

国際観光旅客税は、原則として、船舶や航空会社が、チケット代金に上乗せする等の方法で、日本から出国する旅客（国際観光旅客等）から徴収（出国1回につき1000円）し、これを国に納付するものです。そのため、納税しているという感覚はないまま、いつのまにか徴収されているということになります。

この税金は、出国する人が日本人であっても外国人であっても課税されます。さらに「観光」という名称がついていますが、ビジネス目的であっても課税されます。

76 仮想通貨で得をした場合、損をした場合

2017年に市場を賑わせた〝ビットコイン〟。

当時、最高値をつけ億単位で儲かったという人もいたようです。しかし、その後は一部取引所での不祥事の影響もあり、一時の低迷期を経て、最近、再び過熱しはじめています。

儲かった人、損をした人、損を抱えている人それぞれですが、税金の取り扱いについては、平成29年12月に、国税庁から「仮想通貨に関する所得の計算方法等について」というものが公表されました。

もし、ビットコインのような仮想通貨の取引で儲けることができれば、当然、税金の対象となります。

ただし、税金が課されるのは実際に売買を行った場合で、いわゆる含み益については課税はされません。**実際の売買を個人が行い、売買益を出した場合には、所得税の課税対象となります。**

また、所得の種類としては「**雑所得**」として取り扱われます。雑所得となると、他の所得と合算されて計算される総合所得となりますので、最高税率は45％という高い税率で課税される可能性があります。

ただし、給与所得者で売買益が年間20万円以下であれば申告の必要はありません。

ビットコインの相場はかなりの変動があり、莫大な利益を上げる人や莫大な損失を被る人など様々だと思います。値動きも早いため、一気に下がるような相場では売るタイミングを逃してしまう人も多くいるようです。

そのような場合、実際に売却しなければ、含み損が実現しないので申告の必要はなく、税負担もありません。

もし、その含み損を実現するとしても、雑所得の損失については残念ながら損益通算ができないことになっているため、ほかの所得金額を減らし税金を取り戻すことはできないことになっています。

儲かったら税負担が大きく、損したら税金のメリットはほとんどないというのが所得税における仮想通貨の取り扱いなのです。

6章

知らないと損をする！
不動産　買う時・売る時

77 知っていれば有利！ 不動産は税金の宝庫

憧れのマイホームを買う人、土地を相続した人、老後の年金不足を補ったり、財産形成を目指すために不動産投資をしている人など、不動産に関わる理由は様々です。

そこでまず覚えておいていただきたいのは、〝不動産は税金の宝庫〟だということです。不動産には次のタイミングで、様々な税金がかかります。

購入時……不動産取得税、登録免許税、印紙税、消費税など
保有時……所得税、住民税、固定資産税、都市計画税、消費税など
売却時……所得税、住民税、印紙税、消費税など

この他、相続が発生した場合には、相続税の対象となるなど、不動産には常に何らかの税金が関わってきます。

まずは節税策の基本となるこれらの税金の種類を、次ページの図33で確認しておきましょう。

図33：不動産に関わる税金一覧

購入時	
不動産取得税	不動産(土地・家屋)取得時に1度だけ評価額の一定率で課税
登録免許税	不動産取得の際、登記に関して評価額の一定率で課税
印紙税	不動産取得の際の契約書や領収書などに貼付して納める
消費税	建物の取得の際、その取得金額に税率をかけた金額を支払う
保有時	
所得税	不動産貸付を行った際、そこで得た所得に対して課税
住民税	不動産貸付を行った際、そこで得た所得に対して課税
固定資産税	毎年1月1日の所有者に評価額の一定率で課税
消費税	不動産収入(土地貸付、居住用貸付除く)に対して課税
売却時	
所得税	不動産譲渡益に対し所有期間に応じて一定率で課税
住民税	不動産譲渡益に対し所有期間に応じて一定率で課税
印紙税	不動産売却の際の契約書や領収書に貼付して納める
消費税	売却不動産(土地を除く)の売却金額に税率をかけた金額を受け取る
その他	
相続税	相続時に保有していた不動産についてその評価額が財産として課税対象

78 マイホームを賢く買うためのタイミングはいつ？

サラリーマンの年末調整でもなじみが深い、「住宅ローン控除」。

この制度は、住宅を、住宅ローンを利用して取得または増改築をし、自分の住む家として使用した場合に、その年末のローン残高に一定の率をかけた金額を税額控除できるという制度です。

先に紹介した、政党等に対する寄附金についての税額控除もそうですが、所得税の金額から直接控除する制度となりますので、その節税効果は大きくなります。

特に令和4年1月1日から令和7年12月31日までの間に居住の用に供した場合で認定長期優良住宅、認定低炭素住宅、特定エネルギー消費性能向上住宅（ZEH水準省エネ住宅）、エネルギー消費性能向上住宅（省エネ基準適合住宅）など、一定の消費税率10％が適用される住宅取得等については所得税額特別控除特例制度として、住宅ローン控除の期間が一般住宅の10年間より3年延長され、13年間となります。

218ページ図34にある通り、認定優良住宅等の税額控除については、借入限度額、控除期間ともに優遇されています。

また、令和6年以降の一般住宅については、注の文章にある通り、期間的な条件はいくらか緩和されているものの、控除額が0となっていることには注意が必要です。

さらに、所得要件、床面積要件については、特例居住用家屋、特例認定住宅等は適用要件が緩和されており、次ページ図34の通り、令和6年を境に借入限度額が少なくなっていることがわかります。購入のタイミングも判断の一つですが、どのような住宅を購入するかによっても控除額が異なってくるのです。


住宅については、国の景気を左右する投資の一つといえます。多分に景気動向に影響を与えるため、政治判断によって減税規模などが頻繁に変えられています。

ですので、税制改正の動きなどをしっかりと見極めた上で、購入のタイミングを計る必要があるのです。

図 34：住宅を新築等した場合の借入限度額、控除期間

区分	居住年			
	2022 （令和 4）年	2023 （令和 5）年	2024 （令和 6）年	2025 （令和 7）年
認定長期優良住宅 （長期優良住宅）	5,000 万円 【13 年間】		4,500 万円 【13 年間】	
低炭素建築物 （認定低炭素住宅）				
低炭素建築物とみなされる特定建築物 （認定低炭素住宅）				
特定エネルギー消費性能向上住宅 （ZEH 水準省エネ住宅）	4,500 万円 【13 年間】		3,500 万円 【13 年間】	
エネルギー消費性能向上住宅 （省エネ基準適合住宅）	4,000 万円 【13 年間】		3,000 万円 【13 年間】	
一般の新築住宅 （その他の住宅）	3,000 万円 【13 年間】		0 万円（2,000 万円） 【10 年間】（注 1）	
控除率	全期間一律　0.7％			
所得要件	合計所得金額 2,000 万円以下 （特例居住用家屋・特例認定住宅等⇒1,000 万円以下）			
床面積要件	50 ㎡以上 （特例居住用家屋・特例認定住宅等⇒40 ㎡以上 50 ㎡未満）			

（注 1）一般の新築住宅のうち、令和 5 年 12 月 31 日までの建築確認を受けたものまたは令和 6 年 6 月 30 日までに建築されたものは、借入限度額を 2,000 万円として 10 年間の控除が受けられます。ただし、特例居住用家屋に該当する場合は、令和 5 年 12 月 31 日までに建築確認を受けたものが対象となります。

※特例居住用家屋とは床面積が 40 平方メートル以上 50 平方メートル未満で令和 5 年 12 月 31 日以前に建築基準法第 6 条第 1 項の規定による建築確認を受けた居住用家屋をいいます。

※特例認定住宅等とは床面積が 40 平方メートル以上 50 平方メートル未満で令和 5 年 12 月 31 日以前に建築基準法第 6 条第 1 項の規定による建築確認を受けた認定住宅等をいいます。

出典（国税庁ＨＰより一部加工）

79 共働き夫婦のための損をしないマイホーム購入法

共働き夫婦がマンションなど、マイホームを購入する時には、税金を意識しなければ損をする可能性がグンと高くなります。よくあるケースは、お金の出所は2人からなのに、その不動産の所有者がどちらか一方になっているもの。この場合、お金の出所と不動産の名義が一致していないため、どちらか一方が他方にお金を「贈与」したとして課税される可能性があります。そのような無駄な課税をさけるためには、**不動産の名義は負担する金額の割合で共有名義登記する**ことをお勧めします。また、共有名義の場合、借り方を工夫することでも、税金の負担を少なくすることができます。

共働きの場合であれば、連帯債務として借り入れ、それぞれが共有割合に応じてローンを返していくようにすると、2人ともに住宅ローン控除の適用を受けることができます。住宅ローン控除は、控除額すべてを使いきることはなかなかできません。

しかし、共働きの2人で控除を使えれば、無駄なく控除額を使用して節税することができるのです。

80 税金をおさえるための住宅ローン控除

誰でも簡単に適用できそうな住宅ローン控除ですが、様々な要件があり、それらをクリアしなければ対象とはなりません。住宅ローン控除の要件をひと言で表現すると、〝**普通の人が普通の住宅を購入**〟することだといえます。

まず、この適用を受けることができる〝普通の人〟ですが、その年分の所得金額が2000万円以下であることです。たまたま、その年の所得が2000万円を超え、翌年はそれを下回るような場合、下回った年については適用を受けることができます。

そして、〝普通の住宅〟ですが、その住宅の床面積が原則50㎡以上で、その半分以上を居住用としているものでなければなりません。半分以上を何かの商売のために使用している場合、適用は認められません。

取得の日から6カ月以内に居住し、その年の12月31日まで引き続いて住んでいること、また、その人のメインの住宅であることも要件となります。そして、いくつか住宅を所有していても、適用を受けられるのはメインの住宅のみとなっています。

81 中古住宅購入の鍵は〝いつ建築されたものなのか〟

住宅ローン控除は、中古住宅であっても、一定の要件を満たしていれば、適用を受けることができます。その要件の中で、もっとも重要なものが**〝いつ建築されたものなのか〟**です。

それは、次のような区分で規定されています。

（1）昭和57年1月1日以後に建築されたものであること。

（2）（1）以外の場合は、次のいずれかに該当すること。

イ　取得の日前2年以内に、地震に対する安全上必要な構造方法に関する技術的基準に適合するものであると証明されたもの（耐震住宅）であること。

ロ　上記（1）および（2）イに該当しない一定の住宅（要耐震改修住宅）のうち、その取得の日までに耐震改修を行うことについて申請をし、かつ、居住の用に供した日までにその耐震改修により家屋が耐震基準に適合することにつき証明がされたものであること。

つまり、昭和57年以後に建築されたものか、耐震住宅など一定の耐震基準を満たす住宅ではなければ控除の対象とはならないということです。

その他、所得要件、床面積要件などは新築と同様です。購入時、築年数には注意をしましょう。

図 35：中古住宅を取得した場合の借入限度額、控除期間等

区分	居住年			
	2022（令和 4）年	2023（令和 5）年	2024（令和 6）年	2025（令和 7）年
認定長期優良住宅（長期優良住宅）	3,000 万円【10 年間】			
低炭素建築物（低炭素住宅）				
低炭素建築物とみなされる特定建築物（低炭素住宅）				
特定エネルギー消費性能向上住宅（ZEH 水準省エネ住宅）				
エネルギー消費性能向上住宅（省エネ基準適合住宅）				
一般の中古住宅（その他の住宅）	2,000 万円【10 年間】			
控除率	全期間一律　0.7％			
所得要件	合計所得金額 2,000 万円以下			
床面積要件	50 ㎡以上			

出典：国税庁 HP

82 リフォームするならこの特例を使わない手はない！

「住宅ローン控除」は、新築や中古などを取得した場合にだけ適用されるわけではありません。既に所有している自己の住宅に、増改築や大規模修繕などをした場合であっても、その適用を受けることは可能です。その要件は次の通りです。

・自己の居住用の住宅に対するものであること
・増改築など建築基準法に定められている大規模修繕や増改築であること
・増改築にかかる費用が１００万円以上であること（次ページ図36）
・増改築等の日から6カ月以内に居住し、その年の12月31日まで引き続き住み続けていること
・その年の合計所得金額が２０００万円以下であること
・増改築をした家屋の床面積が50㎡以上であり、半分以上を居住用として使用していること

この増改築の住宅ローン控除を受ける際には、借入金の年末残高証明書はもちろんですが、**その工事に係る建築確認済証の写し、検査済証の写しまたは増改築等工事証明書などを確定申告書に添付しなければなりません**。

適用ができる居住年や控除率、控除限度額等については、218ページの図34を参照してください。

また、増改築する際に、省エネのための改修工事や高齢者のためにバリアフリー工事を行う場合は、住宅特定改修特別税額控除の適用が受けられます。さらに控除率が優遇されます。

図36：マイホームの増改築等をした場合の借入限度額、控除期間等

区分	居住年			
	2022（令和4）年	2023（令和5）年	2024（令和6）年	2025（令和7）年
居住用家屋の増改築	2,000万円【10年間】			
控除率	全期間一律　0.7%			
所得要件	合計所得金額2,000万円以下			
床面積要件	50㎡以上			

出典：国税庁HP

令和4年1月1日以後のバリアフリー改修工事の控除対象限度額は200万円、一般省エネ改修工事の控除対象限度額は250万円（太陽光発電設備設置工事が含まれる場合は350万円）となっています。

これらの工事を税制上は、「特定の増改築」といっていますが、この特例の適用を受けるためには、その工事が税制の特例に当てはまることを証明する証明書の添付をしなければなりません。必ず証明書を施工会社から受け取るようにしましょう。

83 サザエさん的生活のすすめ

三世代同居というと、真っ先に思い浮かぶのがサザエさん。三世代同居だと、子育てや生活費などの負担が軽減されるというメリットがあります。

そこで、税金面からも応援するという意味で「**多世帯同居改修工事をした場合の住宅特定改修特別税額控除**」というものが用意されています。

具体的には、既存住宅に係る特定の改修工事をした場合には

A×10％＋B×5％

の計算式によって算出された控除額が控除できる仕組みになっています。

算式のAは改修工事の標準的な費用の額（控除対象限度額250万円）で、Bは次の（1）、（2）のいずれか低い金額（1000万円からAの金額を控除した金額を限度）とされています。

（1）次のイとロの合計額

イ　多世帯同居改修工事の標準的な費用の額のうち、控除対象限度額を超える部分

の額

ロ　多世帯同居改修工事と併せて行う増築、改築その他の一定の工事に要した費用の額の合計額

（2）多世帯同居改修工事の標準的な費用の額

やや複雑な算式ですが、結果的に控除額は最大で62万5千円となります。

また、多世帯同居改修工事とは、他の世帯との同居をするのに必要な設備の数を増加させるための増築、改築、修繕または模様替えで、調理室を増設する工事、浴室を増設する工事、便所を増設する工事または玄関を増設する工事を含む増改築等をいいます。

この制度の適用については令和5年12月31日までとなっています。また、適用要件については、他の住宅特定改修特別税額控除の適用要件とほぼ同様ですので、そちらも参照してください。

サザエさん的生活で節税が可能となるわけです。

84 10%の控除が可能な「投資型減税」

ここまで紹介した住宅ローン控除の制度は、新築、増改築を行った場合に所得税の特別控除が受けられるというものでした。

この控除額の計算の基礎となるのが、その年の年末における「**借入金残高**」です。つまり、ローンを組んで住宅を取得または増改築をしなければ、特別控除の対象とはならないということでもあります。

ここでは、ローンを組んでいなくても住宅特別控除を受けることができる制度を紹介します。ローンの有無に関係なく控除を受けることができるため「**投資型減税**」と呼ばれています。この特別控除を受けるためには、いくつかの要件がありますが、もっとも重要なものが〝認定〟された優良住宅であるということです。

認定長期優良住宅とは、耐震性、耐久性に優れた環境に配慮した住宅で一定の条件を満たしたものをいいます。具体的には認定長期優良住宅、認定低炭素住宅、特定エネルギー消費性能向上住宅をさします。**認定長期優良住宅とされる住宅を購入した**

図37：認定長期優良住宅及び低炭素住宅の標準的なかかり増し費用

構造の区分	床面積1平方メートル当たりの標準的な費用の額
木造・鉄骨造	構造にかかわりなく一律 45,300円
鉄骨鉄筋コンクリート造・鉄筋コンクリート造	
上記以外の構造	

※ただし上限は650万円

場合は、その対象となる金額の10%が特別控除として認められます。

ローン減税と異なり、投資型減税の場合、適用できるのは購入した年の所得税額から控除（控除をしてもなお控除しきれない金額がある場合には、翌年分の所得税額から控除）することになります。

その適用要件としては、平成26年4月1日から令和5年12月31日までの間に居住の用に供するものである他、住宅ローン減税とほぼ同じです。また対象となる金額ですが、認定長期優良住宅の認定基準に適合するために必要となる標準的なかかり増し費用（図37）の10%です。

85 省エネ、バリアフリー、耐震工事で最大80万円控除！

住み始めてもう何年も経っている住宅の増改築の場合でも、住宅ローン減税の対象になることは、すでに説明した通りです。その適用要件としては、その増改築の費用についてローンを組んで支払った場合に限られる制度です。しかし、新築の場合と同様、増改築のローンを組まずに実施した場合にも、一定の増改築については、投資型減税の制度が設けられています。この場合、通常の増改築では対象となりません。

減税対象とされる工事は、省エネ、バリアフリー、耐震工事、さらに項目83で説明した他世代同居対応改修のためのものでなければ対象とならないのです。

省エネ改修であれば、窓、床や壁などの断熱工事や太陽光発電設備などがその対象となります。バリアフリー改修では、50歳以上の者や障害者または要介護認定を受けている家族などと同居している居宅に対するバリアフリー工事でなければなりません。いずれの制度も工事の標準的な費用に対象となる住宅の床面積をかけ、さらに控除率をかけて控除限度額を計算します。

図38：特定改修工事の控除限度額

	居住年	工事限度額	控除率	控除限度額
耐久性向上改修工事（耐震工事とあわせて行うもの）	R4.1-R5.12	250万円	10%	25万円
省エネ改修工事	H26.4-R3.12	250(350)万円	10%	25(35)万円
バリアフリー改修工事	H26.4-R3.12	200万円	10%	20万円

※(　)は太陽光発電工事が含まれる場合。
※その年の前年以前3年内に適用を受けている場合には適用しない。

また、この標準的な費用は50万円超が対象となる点も同じです。耐震改修については、耐震工事の標準的な費用に控除率をかけた金額が控除限度額となります（図38参照）。

加えて、この控除制度は投資型減税のため、その工事を行い、居住した年のみの適用となっています。住宅ローン減税とは異なり、1回限りの減税措置です。さらに各種ローン減税とは重複して適用することができないなど要件もあります。適用に際してはどの組み合わせがもっとも税額を抑えることができるかを検討する必要があるでしょう。1回限りの減税措置とはいえ、この制度を知っているのといないのとでは税額に大きな影響が出てくるので、情報収集はしっかりと行っていきましょう。

86 マイホーム売却のもう一つの特例を見逃すな

マイホームを売却した時に売却益が出れば、節税できることはこの後の88項で説明しますが、ここで一つ大きな問題があります。これらの特例は、売却した際に、売却益が出ることを前提に節税できるものであるということです。

もし、売却価格が購入金額よりも小さかったら、結果的に損をしたことになります。この場合、税金はどうなるのでしょうか。

答えとしては、**不動産譲渡の譲渡損益は分離課税ですので、損をした時でも他の所得とは相殺できません**。たとえ給与所得があり、そちらで税金を負担していたとしても、損益通算ができないことになっているのです。

しかし、そのような税金の世界の原則的な取り扱いの中でも、マイホームの売却に関しては、一定の特例が認められています。この特例は、多くの要件を満たす必要がありますが、結果としてマイホームを売却した際に出た損を、給与所得など、他の所得と相殺することができます。

基本的な仕組みとしては、現在のマイホームを売却して損をしても、新たなマイホームを借入金で購入した場合に、その売却損を他の所得と相殺できるというものです。主な要件は次の通りです。

(1) 自分が住んでいるマイホームを譲渡すること。なお、以前に住んでいたマイホームの場合、住まなくなった日から3年目の12月31日までに譲渡すること

(2) 譲渡の年の1月1日における所有期間が5年を超えるものの譲渡であること

(3) 譲渡の年の前年の1月1日から売却の年の翌年12月31日までの間に家屋の床面積が50㎡以上であるものを取得すること

(4) 新マイホームを取得した年の翌年12月31日までの間に居住すること、または見込みであること

(5) 新マイホームを取得した年の12月31日においてその物件について償還期間10年以上の住宅ローンを有すること

この制度はマイホームを売却した場合は、譲渡益がなければ申告しなくても良いという思い込みがあるためか、あまり使われていません。

大きな買い物、大きな売却をした場合は、特例がないか探してみると良いでしょう。

87 投資用不動産は5年は手放すな

投資用不動産、マイホーム、遊休不動産など、不動産を売却した場合には、所得税が課せられることになります。その譲渡益の計算は次の算式により行います。

譲渡所得 ＝ 収入金額 － (取得費 ＋ 譲渡費用)

それぞれの項目について説明します。

●**収入金額**　不動産を売却して得るべきお金をいう。固定資産税の精算などをした場合は、その金額も含む。

●**取得費**　売却した不動産の購入代金、仲介手数料、不動産取得税、印紙税、登記費用、改良費などが含まれる。ただし、建物の場合、その減価償却費相当額は差し引く。売却した不動産をいくらで購入したかが不明の場合は、収入金額の５％が概算取得費として使用されるが、これは税金的には不利になることが多い。

●**譲渡費用**　不動産を売却するための費用。仲介手数料、測量費などがこれに含まれる。譲渡所得は他の所得とは分けて計算する〝**分離課税**〟とされているため、たとえば給与所得と合算して計算することはできない。よって、他の所得が大きかろうと、小さかろうと一定の税額が発生する。

また、税率ですが、長期譲渡と短期譲渡で異なります。長期譲渡は20％（所得税15％、住民税５％）、短期所得は39％（所得税30％、住民税９％）となっており、長期で保有しているほうが断然有利な税率となっています。

長期と短期を分ける基準は、「5年」です。購入してから5年超経過した不動産を売却したら長期譲渡となり、それ以下であれば短期譲渡となるのです。

ただ、その5年のカウントの仕方が少々わかりにくいです。税法では長期譲渡を、**「その不動産を売却した年の1月1日で5年超」**としています。

たとえば令和5年中に不動産を売却した場合は、平成29年12月31日以前に購入していたものならば長期ですし、平成30年1月1日以後に購入していたものなら短期となります。単純に所有期間で判断できないので注意が必要です。

長期と短期では、税率が大きく違いますので、その税額もかなりの違いが出ます。できれば5年超の長期になるように売却したほうが税金的には断然有利となるのです。

88 自分と親のマイホームの賢い売り方

不動産の売却は、その保有期間が税額に大きな影響を与えることになりますが、実はマイホームの売却とそれ以外の不動産の売却でも税額に差が出ます。

税金の世界では、2つの優遇される〝もの〟があります。それは、〝**居住用**〟と〝**配偶者**〟です。不動産の譲渡所得についても、居住用の特例が認められているのです。

いくつかある特例のうち最初に紹介するのは、〝居住用不動産の譲渡益3000万円特別控除額〟についてです。

これは自分が住んでいる居住用不動産の売却に関しては、譲渡所得から単純に3000万円差し引くことができるというものです。つまり**譲渡益が3000万円以下であれば、税金の負担はありません**。

そしてこの特例は、所有期間の長期短期を問わず、具体的には次の場合に適用されます。

1　現に居住している不動産
2　以前住んでいた不動産（居住しなくなってから3年以内）
3　災害等で滅失した居住用不動産（居住しなくなってから3年以内）
4　住んでいた住宅を取り壊した後の土地（取り壊しから1年以内）

ただし、この特例は夫婦や親子の間で行われる売買や、前年、前々年にこの特例を使用している場合は、適用されません。また、住宅借入金等特別控除については、入居した年、その前年または前々年に、このマイホームを売った時の特例の適用を受けた場合には、その適用を受けることはできませんので注意が必要です。

さらに、この特例は**確定申告を行うことが要件**となっていますので、必ず申告するようにしてください。

この他にも特例があります。それは保有期間10年超の場合の税率です。具体的には先ほどの3000万円を控除をした後に残っている所得金額が6000万円以下の部分に対しては、14％（所得税10％、地方税4％）、所得金額が6000万円超の部分に対しては20％（所得税15％、地方税5％）と、6000万円以下の部分に対して税率が軽減されているのです。

もちろん、3000万円控除と同様に夫婦や親子の間で行われる売買や、前年、前々年にこの特例を使用している場合は利用できませんし、確定申告を行うことも要件となっています。

また、親の住んでいた不動産を相続などにより取得してから3年以内に譲渡した場合についても、その売却益から3000万円の控除を受けられます。いわゆる空き家対策の税制といわれているものですが、こちらは令和5年12月31日までの間の売却について認められています。

この制度の対象となる建物は昭和56年5月31日以前に建築された区分所有建物登記がされている建物でないもので、親の居住用のみに使用されたものでなければなりません。さらに以下の要件を満たす必要があります。

1　相続の時から譲渡の時まで事業の用、貸付けの用又は居住の用に供されていたことがないこと

2　相続の開始があった日から3年目の年の12月31日までに売ること

3　売却代金が1億円以下であること

4　特別控除など他の特例の適用を受けていないこと

5　親子や夫婦など特別の関係がある人に対して売ったものでないこと

自分のマイホームの特別控除に比べて多少条件が厳しいですが、少子化の現代においては必要な税制ですので、是非チェックしてみてください。

不動産譲渡の場合は、その金額が高額になることも多く、税負担はどうしても大きくなりがちですが、その中で特例的に認められているのが、本書で紹介している制度です。

きちんと制度の内容を把握した上で確定申告をし、しっかりと節税につなげてください。

89 ここで差がつく！　不動産購入時に注意すべき税金

節税したいのであれば、自分の住む自宅でも、投資用の物件でも、購入する際にかかる税金については知っておく必要があります。

仮に土地1000万円、建物1000万円の物件を購入する場合でも、それにかかる税金のことを考慮しなければ資金計画を立てることはできません。

不動産はその金額が高額になるため、それに付随する税金も高額になります。資金計画やライフプランを立てる際に税金の存在は欠かせないのです。

まずは建物に対する「**消費税**」です。購入に関しては、居住用、賃貸用を問わず一律課税されます。また、土地に関しては、非課税ということで課税されません。

次に「**不動産取得税**」です。不動産取得税は、不動産の取得ということに対して課される都道府県民税で、次の算式で計算されます。

不動産取得税額　＝　不動産の価格（課税標準額）×　税率

図39：不動産取得税の税率

取得日	土地	家屋	
		住宅	非住宅
令和6年3月31日まで	3%	3%	4%

この算式の「不動産の価格」とは、不動産を取得した時の市町村の固定資産課税台帳に登録されている価格、つまり固定資産税評価額をいいます。税率は図39のとおりです。

建物に対する特例

延べ床面積が50㎡以上240㎡以下である住宅や1区画当たりの延べ床面積が40㎡以上240㎡以下の賃貸用のアパート・マンションを新築した場合には、1戸（または1区画）につき1200万円が価格から控除されます。

この住宅に対する特例ですが、一定の中古住宅に対しても適用されます。

土地に対する特例

宅地などを令和6年3月31日までに取得した時は、その土地の価格を2分の1にした額が不動産の価格となります。

住宅の敷地の用に供されているなど一定の要件を満たした場合には、家屋の床面積の2倍（1戸当たり200㎡を限度）までの面積の土地に対する税額の2分の1（または1㎡当たり45000円）については、不動産取得税が減額されます。

この特例を受けようとする場合で、土地を先に取得した時は3年以内に新築住宅を建築しなければなりません。

節税ということを考えると、これら特例の範囲になるかどうかで支払う税額が異なってきます。購入に際しては、これらの特例を適用できないか検討すると良いでしょう。

90 「固定資産税」をグンとお得にする方法

「固定資産税」は毎年1月1日時点での土地や建物の所有者に課される税金です。不動産取得税などと異なり、毎年課税される税金なので、節税できるとその効果は大きくなります。

固定資産税の対象は土地と建物で、その税金は次の計算式で算出されます。

固定資産税額 ＝ 固定資産税評価額 × 1.4%（標準税率）

固定資産税は、各市町村が課税する税金で、その税率は標準で1・4%とされていますが、各市町村で決められています。また、次のような特例もあります。

建物に対する特例

住宅の新築建物は120㎡（課税床面積）までの部分について3年間（一定の耐火

建築物等は5年間）にわたって税額が2分の1（令和4年3月31日までに新築された場合で120㎡相当分まで）になるというものです。

専用住宅・店舗併用住宅（居住用部分が2分の1以上）居住部分の課税床面積が1戸につき50㎡以上280㎡以下であること（賃貸住宅の場合1戸につき40㎡以上280㎡以下）が要件となっています。

土地に対する特例

小規模住宅用地の特例と一般住宅用地の特例はもっとも節税できる制度です。どちらも住宅用の建物の敷地に対する特例で、小規模は200㎡まで、一般はそれを超える部分（ただし建物の課税床面積の10倍が限度）について適用されます。

小規模の場合、税金の対象となる課税標準は6分の1となり、一般では3分の1となります。

建物・土地のどちらも**住宅については、軽減措置が設けられています**。特に土地の場合は、小規模であれば6分の1となることから、かなりの節税効果が見込めます。

しかも、その200㎡というのは住宅1戸当たりの面積ですので、仮に1棟6戸のアパートの敷地の場合であっても、200㎡×6＝1200㎡までは6分の1になるのです。

何も建設されていない土地（これを更地《さらち》という）を保有していた場合、その課税標準に対してそのまま税率をかけることになりますので、固定資産税の負担は重くなりますが、住宅用の敷地となった日の翌年から減額されます。更地で保有するよりも、住宅用地とするほうが断然有利といえるでしょう。

また、固定資産税はその年の1月1日の所有者に対して課税される税金です。そのため1月2日に保有し始めたとしたら、364日は固定資産税が課税されないことになります。

これは極端な話ですが、いつから保有するかによっても、税金の負担が違ってくるので、その点についても要注意です。

91 赤字でも申告義務がある

「赤字だから申告しなくてもいいでしょ？」、税金の現場でよく聞く言葉です。アパートオーナーの場合、不動産所得が主な所得となりますが、その所得の計算方法は、

不動産所得 ＝ 総収入金額 － 必要経費

で計算されます。この不動産所得がゼロもしくはマイナスである場合は、所得税額はもちろんゼロとなりますが、その金額は、実際に計算してみないとわかりません。

もし、オーナーが頑強に赤字だと主張しても、きちんと計算した申告書で、赤字であることを確認しない限り、税務署はそれを認めてはくれません。つまり赤字でも、申告義務はあるのです。

また、不動産所得は他に所得がある場合、合算して計算することになります。たとえば、不動産所得が赤字の場合でも、給与所得などがあれば、給与所得で負担していた所得税の一部について不動産所得の赤字を利用して還付を受けることも可能です。

所得税の確定申告は赤字であっても、きちんと行うようにしましょう。

92 やっぱり！　帳簿が不動産所得の肝《キモ》！

不動産所得は、前項で説明したように、たとえ赤字であっても計算します。

給与所得の場合、その収入は実額で、必要経費である給与所得控除の金額は、収入の金額に応じた概算額です。不動産所得の場合は、すべて実額で計算していきます。

その計算を行う際に、必要なものが〝**帳簿**〟です。帳簿とは、取引の一つひとつに関して体系的に記録する書類で、法的な証拠力があるとされています。よって、面倒だからといって、疎かにしてはいけません。きちんと整備された帳簿があれば、万が一、この取引がおかしいと指摘されても、内容が事実に基づいたものであり、帳簿にきちんと記載されている限り、税務署はそれを覆すことはなかなかできないものです。

不動産所得の計算は、日々記帳している帳簿に基づいて、毎年年末に1回決算書を作成することになります。申告の種類が青色であれば「**青色決算書**」（不動産所得用）、白色であれば「**収支内訳書**」（不動産所得用）です。これら決算書の数字を使って申告書で最終的な所得税額の計算をしていくことになります。

93 うっかりしていると損をする不動産収入

不動産収入といえば、アパートや駐車場代などの賃貸料収入が該当しますが、それらの他に収入となるものとしては、次のようなものも含まれます。

イ　名義書換料、承諾料、更新料または頭金などの名目で受領するもの
ロ　敷金や保証金などのうち、返還を要しないもの
ハ　共益費などの名目で受け取る電気代、水道代や掃除代など

イは、名目がどのようなものであっても、不動産に関する収入であれば賃料と同様の取り扱いをします。誤りやすいものに、**〝敷金〟の取り扱い**があります。敷金の入金を受けた時に収入として計上してしまう人がいますが、それは誤りです。

敷金は単に一時的に預ったものであるため、入金されても収入としなくて良いのです。間違って収入に計上してしまうと、その分余計な税金を負担することになりますので、注意してください。もちろん、敷金を返還した場合も、必要経費とすることはできません。ただし、敷金でも収入にあげなければならないケースがあります。それは契約期間満了前の解除などによる敷金償却がある場合などです。

この場合、預っていた敷金を返さなくて良いことが確定するわけですから、その**返却不要が確定した時点で不動産収入の金額に計上しなければならない**のです。ハについても、名目にかかわらず収入にあげなければなりません。

収入についてもっとも間違いが多い処理は、〝**滞納家賃**〟です。オーナー側からすると、滞っている家賃については、収入に計上しなくて良いのでは？　という感覚を持つのはもっともだと思います。しかし、税金の計算では、**滞納家賃についても、不動産収入の金額に入れて確定申告をしなければなりません**。収入については「契約・慣習などにより支払日が定められている場合、その定められた支払日」とされているからです。ただし、その滞納家賃が確実に回収できなくなれば、その時点で「**貸倒金**」として必要経費の金額に計上することで税金を安くすることができます。

滞納家賃に関しては、お金が入ってこないだけでなく、税金の負担も強いられることになる、まさに泣きっ面に蜂の状態です。

無駄な税金を支払わないよう、そして、健全な不動産経営のためにも、滞納家賃が発生する前にきちんと対策を打っておきましょう。

94 不動産投資、これをうまく使えば〝経費〟になる

必要経費＝領収書、と考えていませんか？

実は領収書は必要経費とするために必ずしも必要なわけではありませんし、領収書があればすべて必要経費にできるというわけでもありません。

そもそも必要経費とは、その収入を得るために必要に迫られ支払った費用ですので、本質的には領収書があろうとなかろうと関係ないのです。ただ、後日支払った証として、領収書はきちんと取得し、整理保存はしておくようにしましょう。

では、不動産所得では何が必要経費で、何が必要経費ではないのでしょうか。

一般的には、次のものが不動産所得の必要経費として挙げられています。

・固定資産税　・火災保険料　・減価償却費　・修繕費

一つ目の固定資産税ですが、すべて必要経費になるわけではありません。このうち、賃貸用の不動産に対応する金額のみが必要経費になります。たとえば何も使っていない遊休地の固定資産税は、収入を得るために使用しているわけではないので必要経費

にはなりませんし、自宅の固定資産税も必要経費とはなりません。

2つ目の火災保険料については、主に賃貸用不動産に関わるものがその対象になりますが、自宅の火災保険は必要経費になりません。同じく減価償却費についても、賃貸用物件に係わる減価償却費だけが必要経費になります。

修繕費については、後の項目で説明しますが、賃貸用物件に対するものであることは同様ですが、一括で経費とならない場合があります。

この他の支出について、必要経費にならないかというとそうではありません。たとえば、掃除機を購入したとします。これも場合によっては、必要経費になります。その掃除機が賃貸用物件を掃除するためのものであれば、収入を上げるために支出したものとして必要経費となります。しかし、もしその掃除機が自宅用であったら、どうなるでしょうか。その場合は、もちろん必要経費にはなりません。

自宅をきれいに掃除することと、賃貸用物件から賃料をもらうことについて直接的な関係はないからです。

このように**必要経費は、その実態により判断されることになる**のです。

95 節税に欠かせない「減価償却費」という経費

必要経費の中で、見積計上できるものは限られていますが、「減価償却費」はその代表格です。減価償却費とは、土地を除く有形固定資産について、**時の経過とともに古くなっていく経済的な減価を必要経費として考えたもの**です。

ですので、減価償却費が100万円といっても、100万円分の現金が減少したというわけではありません。あくまで見積計算として一定のルールに従って計算を行った結果が、必要経費になっているにすぎません。見積計算ですので、税法上、一定のルールが決められています。減価償却費の計算は税法上認められたものがいくつかありますが、主なものとしては〝**定率法**〟と〝**定額法**〟があります。

定率法は毎期一定率を残存価額にかけて計算しますので、償却費としては、当初がもっとも大きくなり、期が進むにつれ逓減《ていげん》していきます。

定額法とは毎期一定額を償却費として計上していく方法です。個人事業では、定額法が法定の償却方法として定められている償却方法ですが、届出をすることにより定

図40：減価償却費のイメージ図

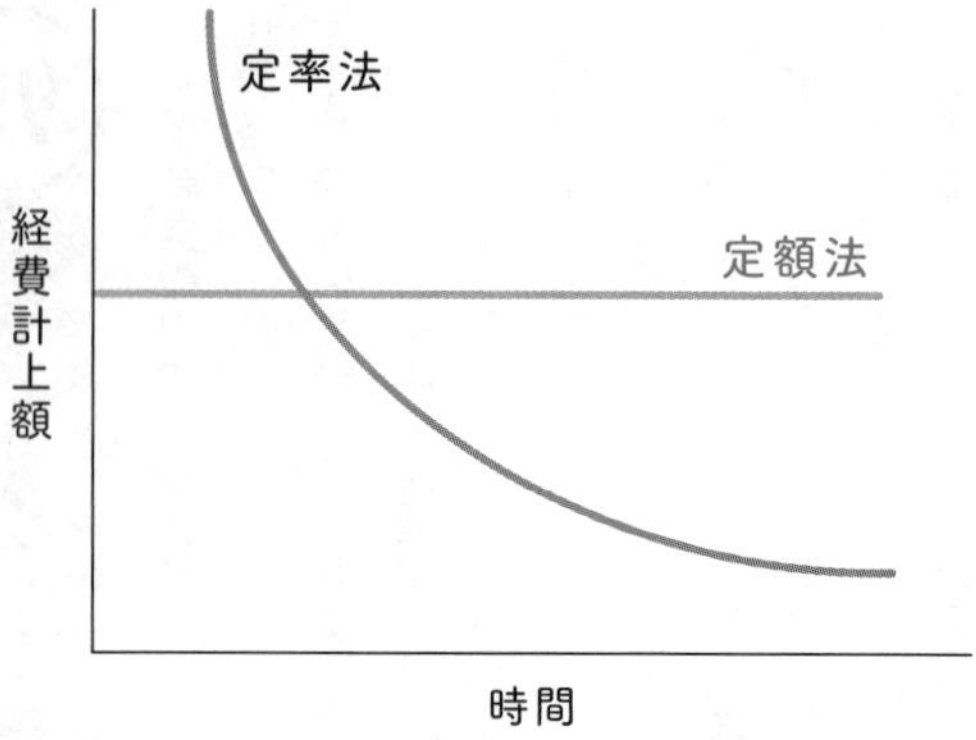

率法で計算することも可能です。

図40のように、節税を考えると、**償却期間の前半では定率法が有利、後半は定額法が有利**ということになります。しかし、償却期間を通してトータルの償却費はどちらも同じです。

ただ、先に償却することで先行して設備投資が行えるなど、賃貸事業の事業性ということを考えると定率法をとるほうが良いかもしれません。

しかし、残念なことに、不動産賃貸事業の中でもっとも大きな償却費がとれる建物に関しては、税法上定額法しか認められていません。

また、税制改正により平成28年4月1日以後に取得した建物附属設備及び構築物についても定額法しか認められなくなり、節税の道が狭くなってしまいました。

96 自分で減価償却費を計算しよう！

ここでは、具体的な減価償却費の計算を見ていきましょう。計算に必要なものは、取得した際にかかった金額である「**取得価額**」。その資産が何年使用できるか定められた「**耐用年数**」。「耐用年数」に応じた「**償却率**」。償却率は定額法と定率法でその値は異なります。

減価償却費の計算は、基本的にこの3つの数字がわかれば計算できます。固定資産を取得した場合は、これらの数値を確認し、計算を行います。

定額法

取得価額 × 定額法の償却率

定額法は、毎年一定額を計上する方法ですので、一度計算をしたら残りの金額（残存価額といいます）が1円になるまで同じ金額で償却していきます。

ただし、取得1年目だけは、その資産を使用しているのが1年未満であることが多いので、計算した金額を使用していた月数で按分していきます。

定率法

未償却残高×定率法の償却率

ただし、この算式で計算した金額が償却保証額に満たなくなった年分以後は**「改定取得価額×改定償却率」で計算した金額**とします。

定率法は、毎期一定の償却率を未償却残高、つまりその時点で残っている帳簿価額にかけるため、取得時には償却額がもっとも大きくなり、徐々にその金額は少なくなっていきます。

また、一定の償却保証額に満たない場合は、改定した数字で計算をし、定額法と同様に残存価額が1円になるまで償却をすることになるのです。

具体例で見ていくと、取得価額が100万円、耐用年数が10年の工具器具備品の減価償却費の計算は次ページ図41の通りです。定率法は網掛けの数字がその年の償却額となります。

図 41：減価償却費の計算

【定額法】

年数	1	2	3	4	5	6	7	8	9	10
期首簿価	1,000,000	900,000	800,000	700,000	600,000	500,000	400,000	300,000	200,000	100,000
償却限度額	100,000	100,000	100,000	100,000	100,000	100,000	100,000	100,000	100,000	99,999
期末簿価	900,000	800,000	700,000	600,000	500,000	400,000	300,000	200,000	100,000	1

取得価額　1,000,000　　工具器具備品用年数　10年

償却率　0.100

【定率法】

年数	1	2	3	4	5	6	7	8	9	10
期首簿価	1,000,000	800,000	640,000	512,000	409,600	327,680	262,144	196,608	131,072	65,536
償却限度額	200,000	160,000	128,000	102,400	81,920	65,536	52,429	39,322	26,214	13,107
償却保証額	65,520	65,520	65,520	65,520	65,520	65,520	65,520	65,520	65,520	65,520
改定償却額							65,536	65,536	65,536	65,535
期末簿価	800,000	640,000	512,000	409,600	327,680	262,144	196,608	131,072	65,536	1

取得価額　1,000,000　　工具器具備品用年数　10年

償却率　0.200　　改定償却率　0.25

保証率　0.06552

97 こまめな「修繕」が節税につながる

不動産所得の節税といっても、実際そう簡単にはいきません。節税策は現金の支出を伴うものが多く、税額ばかりに気をとられて支出しすぎると現金が足りなくなる事態になりかねません。

そういう本末転倒の節税ではなく、本来的な節税の方法として、「**支出した金額のうちの大部分を必要経費とできる処理を心がける**」というものがあります。

この意味は、節税を第一と考えるのではなく、やむにやまれず支出するものを、極力、必要経費扱いにできるようにするということです。

たとえば、「**修繕費**」。一般的に修繕費は必要経費になると考えられていますが、税金の世界では必ずしもそうだと言いきれないのです。

それは、「**資本的支出**」といって、修繕した本体自体の価値を増加させるような支出は、一時の必要経費ではなく、本体の取得価額の追加として減価償却費計算に含めるというルールがあるからです。節税効果からすると、修繕費で一時の経費として計上できたほうが良いので、極力、修繕費として落とせるような支出を考えるべきでしょう。

税務上、修繕費として認められる基準はいろいろあります。

まずは金額基準ですが、**これは1回当たりの修繕が20万円未満であれば、修繕費として計上できます**。つまり、こまめな修繕が節税につながるのです。

次に「通常の維持管理のため」「原状回復のため」というものが当てはまります。不動産の場合であれば、入退居に伴う部屋の修繕に関しては、この原状回復のための支出として修繕費で経費扱いとすることができます。この他、典型的な修繕費としては、壁を塗り直した費用などがあります。

この場合、金額基準は用いず、単に修繕のためということから経費計上をすることができます。

これに対して現在主流となっているサイディング工事（外壁にサイディングという外装材を張る工事）は、資本的支出となる可能性が高くなります。

では、壁の塗り直しとサイディング工事では何が異なるのでしょうか。

図42：修繕費の判定表

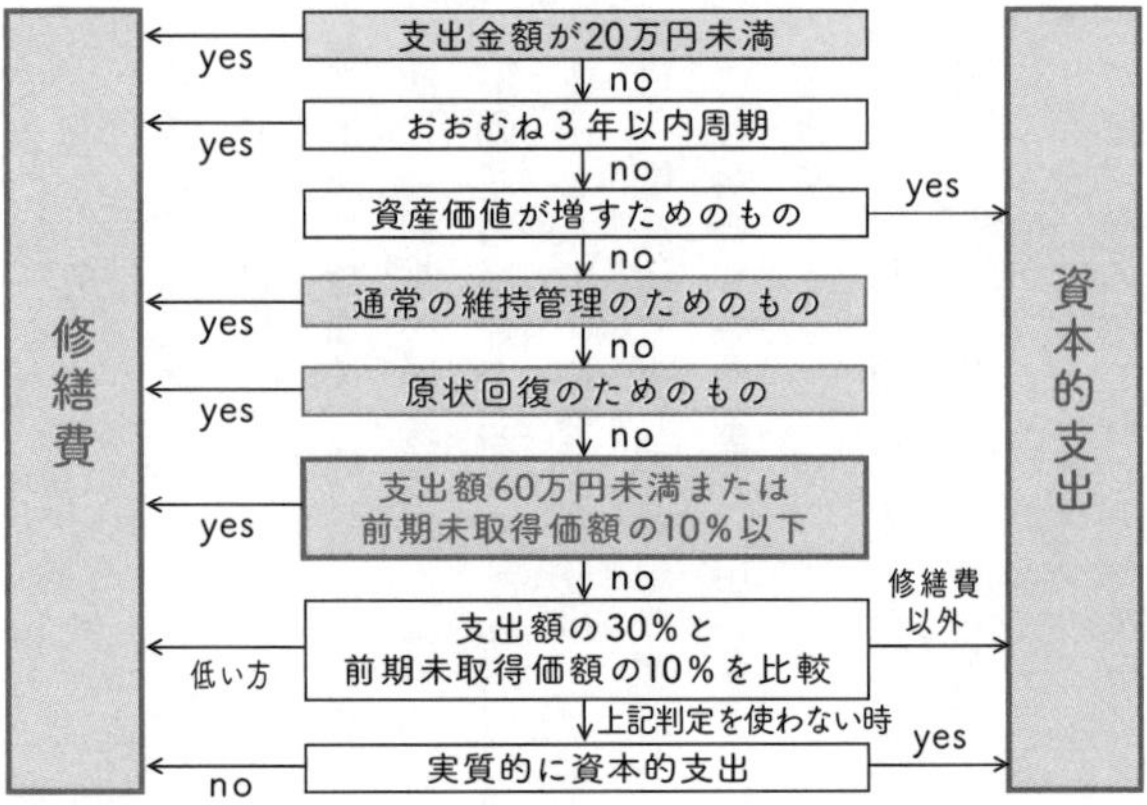

イメージとしては、**物理的に何か加わったなら資本的支出、加わらなかったら修繕費と**いう理解で良いでしょう。

物理的に壁が加わるサイディングは、資本的支出としてみられる「資産価値が増すための工事」とされることが多いのです。

この他、様々な基準がありますが、修繕費がどの基準に当てはまるかを後々証明できるように書類などその状況がわかるような資料を残しておく必要があります。

98 絶対使いたい！　不動産所得を節税する知恵

不動産所得は収入が比較的安定し、必要経費も限られていることから、節税しにくい所得といえますが、やり方次第で節税は可能です。基本は、細かな管理につきますが、ここでは節税策の基本を紹介します。

青色申告を利用する

青色決算書は所得税の青色申告をするために必要な書類です。青色申告は、複式簿記で帳簿を作成することで、税制上の特典を与えるものです。青色申告には様々な特典がありますが、ここでは主なものを紹介します。

1．青色申告特別控除

青色申告をすると、「**特別控除**」が認められます。その金額は正規の簿記の原則にしたがっている場合は55万円（令和元年分まで65万円、令和2年分以降は電子申告または電子帳簿保存の場合65万円)、簡易帳簿で作成している場合は10万円が不動産所得から控除されることになります。

この場合の簡易帳簿とは、必ずしも複式簿記でなくても良いのですが、貸借対照表の作成は義務づけられています。

この控除は、本書のこの後で出てくる「事業所得」にも適用ができます。ですが、不動産所得では一つ注意しなければならないことがあります。特別控除の55万円を不動産所得に対し適用させるとなると、事業的規模が問題となるのです。

事業的規模というのは、ある程度大きな規模(戸建てであれば5棟、部屋貸であれば10室以上)で不動資産事業を行っていることが要件となります。

2. 純損失の繰り越し控除

不動産賃貸業も事業の一つです。事業を営むにあたってはリスクも生じます。空室、滞納、災害など、様々なリスクがあり、儲けを出すのは難しいものです。その年によっては儲けが出ない、いわゆる赤字を出してしまうこともあります。

税金の計算は、1年単位で行われますので、もし今年赤字でも来年黒字であれば、その年はその黒字に対して税金を課されることになります。

しかし、青色申告をしている特典として、前年赤字であれば、今年の黒字と相殺できるという「**繰越控除**」が認められています。これは**損失を出した年から3年間の繰り越し**ができるというものです。不動産所得の場合、開始の初年度に必要経費が集中するため、上手に利用していただきたい制度です。

少額減価償却資産の特例

少額減価償却資産とは、取得価額が30万円未満の固定資産のことです。本来であれば、この資産は減価償却の手続を通して、決められた年数で取得金額を按分して費用計上していかなければいけません。しかし、常時使用する従業員の数が500人以下の個人事業主については、令和6年3月31日まで取得し、事業の用に供した30万円未満の固定資産を一括で減価償却できるという特例が設けられています。

この特例は1年間で合計金額が300万円まで適用することができます。また、この特例は不動産事業者だけではなく、個人事業者や中小法人にも適用があります。

99 使えば得する！ 不動産所得の少し変わった節税法

「専従者給与」を支給

専従者とは、配偶者や親、子供などがあたります。夫が不動産オーナーの場合、妻も何かしらの手伝いをしているケースがあると思います。その場合、妻に対して給与を支払うことで、不動産所得を減少させることができます。もちろん給料をもらった妻には給与所得が発生しますが、年間１０３万円までは税金はかかりません。

ただし、給与を支払う場合は、当然**妻の勤務実態があることが条件**となりますので注意してください。

青色申告の場合は、届け出た給与の金額を支給することができますが、白色申告の場合は、事業主の配偶者であれば86万円、配偶者でなければ専従者１人につき50万円が限度など、金額については制限されることになります。

細かな経費の計上

たとえば、賃貸の仲介会社との連絡に使用した電話代やガソリン代など、車両に関するものも、事業のために使用していれば経費となります。
ただし、それらの経費は、私用部分と事業部分が明確に区分されていないことも多いため、経費計上する場合は使用頻度など、合理的な按分基準に基づいて区分し、事業に関係する部分の金額のみを経費とすることになります。

法人化の検討

所有物件が増加すると、不動産所得も増加してきます。所得税の税率は、〝累進課税制度〟を採用しているため、所得の増加とともに税率も増加します。結果として、税負担が金額の増加以上の割合で増えることになるので、税金的には不利になるといえます。そこで、**所有不動産を自らが主宰する法人に売却し、法人で不動産の収益について申告する**という方法があります。

なぜこの方法が節税になるかというと、法人税率は累進課税ではなく一律だからです。法人税率は資本金1億円以下の会社であれば年間８００万円まで15%、それを超えても23・2%と所得税率のうち高額な部分よりも低くなる可能性があるのです。

ただし、法人化に際しては、その他様々な費用がかかるため、慎重に試算してから実施しなければなりません。

100 相続税の節税にもつながる不動産投資

投資用の不動産で収入を得て、所得を得ると、税金がかかってくるのは当たり前のこと。その税額を合法的に少なくするのが節税です。しかし、投資不動産にはもう一つ大きな節税効果が期待できるものがあります。

それは、「**相続税**」に関してです。相続税は亡くなった人が所有していた財産に対して課されるものですが、その財産額を合法的に小さくすることができるのです。

土地に関して

土地を何にも利用していなければ、「**自用地**《じようち》」として評価されます。これは相続税評価額、原則として〝**路線価**〟**を使って計算する**ものです。

自用地であれば、基本的に路線価で計算した100%の金額で評価されます。しかし、アパートなど貸家が建っている土地に関しては、その100%の評価額から評価減をすることができるのです。貸家が建っている土地は、貸家建付地といって、その評価は次の算式で計算します。

貸家建付地評価額 ＝ 自用地価額 ×（1 － 借地権割合 × 借家権割合）

この算式の中の借地権割合は地域によって異なりますが、90％から30％で設定されています。

また、**借家権割合は原則として全国一律30％**ですので、賃貸建物を建てることで自用地評価に比べて9％から27％の評価減が実現できるのです。

建物に関して

もし、あなたが1億円の現金を持っていて死亡した場合、相続税は持っていた1億円に対して課されることになります。現金や預金の評価は、原則としてその金額で行われるからです。

しかし、持っている1億円を使って賃貸アパートを建築してから死亡した場合、建物は1億円で評価されることはありません。建物の評価は、固定資産税評価額で行うため、1億円で購入した建物は、その建物の構造や築年数などによって異なりますが、購入金額の70%から50%程度の金額で評価されることになるからです。

さらにアパートなど貸家の場合は、そこから借家権割合30%を差し引くことができます。

結局、評価額としては、購入金額の40%から50%程度におさまることになります。

つまり、現金だと1億円で評価されていたものが、賃貸建物にすると4000万〜5000万円程度の金額で評価されるため、結果として相続税の節税が可能となるのです。

詳細については、相続税の節税で解説しますが、不動産投資による節税は所得税だけではないのです。

101 不動産賃貸業の一部は消費税がかからない

不動産は様々な税金が関係してきますが、ここでは消費税のお話です。不動産賃貸業で、あまり消費税の話は出てきません。

2章でお話ししたように、消費税は課税される取引と課税されない取引が明確に区分されていますが、不動産賃貸業に関して見てみると、消費税が課税されない取引（非課税取引）が多く含まれているのです。

まずは**土地の貸付**です。これは消費税法において〝**非課税**〟とされています。つまり、土地を貸し付けていても消費税を加算して請求することはできませんし、消費税を納税する必要もありません。

次に**居住用不動産の貸付**です。居住用不動産の賃借料は、国民が生活していく上でもっとも基本的な支出ですので、それに消費税をかけることは、政策的な配慮から除かれています。もちろん居住用不動産以外の不動産（たとえば店舗など）の貸付に関しては消費税の課税対象となります。

また、不動産賃貸業で消費税がかかる収入としては、**駐車料金**があります。駐車料金は基本的に消費税の課税対象です。ただし、駐車料金込の家賃設定（居住用に限る）をしている場合は、対象とはなりません。しかし、不動産オーナーで駐車料金を別にもらっている方は多いと思いますので、納税義務が生じるはずですが、実際は消費税の申告をしている人はごくわずかです。この理由には消費税独特の制度が関係しています。**それは「課税事業者」と「免税事業者」の制度のためです。**

個人事業主の場合、前々年の課税売上高が1000万円超（または前年の1～6月の課税売上高と支払給与額が1000万円超）でなければ消費税の納税をする必要のない免税事業者となるのです。

家賃自体は、そもそも〝非課税〟ですので、この1000万円の計算に入れる必要はありません。居住用賃貸業を営んでいるオーナーであれば、駐車料金のみで年間1000万円を超えるかどうかで、課税事業者になるかどうかが決まります。

現実的には、ほとんどのオーナーが消費税を納税する必要がない免税事業者となるのです。

102 白色申告で使う収支内訳書の書き方

不動産所得の計算を行うフォーマットは2つあります。ここで紹介する次ページ図43の「**収支内訳書**」と次項の「**青色決算書**」(図44・45)です。収支内訳書は白色申告の人が使う様式で、簡便な作りとなっています。実は、節税を目指すのであれば青色申告をしたほうが良いのですが、青色申告をするためには複式簿記による帳簿が必要なため、その作成ができない、または面倒だという人が白色申告による収支内訳書を作成しています。収支内訳書は収入こそ3つに分かれていますが、経費を記載する項目は不動産所得で使用される主な項目である減価償却費、借入金利子、租税公課、損害保険料、修繕費を含む10項目(空欄を含む)しかありません。ですので、実際の申告では、空欄と雑費をうまく利用して経費欄を埋めていくことになります。

節税のためのお勧めはやはり青色申告ですが、収支内訳書の便利なところは作成が容易である点です。不動産賃貸をしている物件が少なく、その収入金額も少額である場合には、作成が簡単な収支内訳書で申告を済ませてしまっても良いでしょう。

図 43：収支内訳書（不動産所得用）のフォーマット

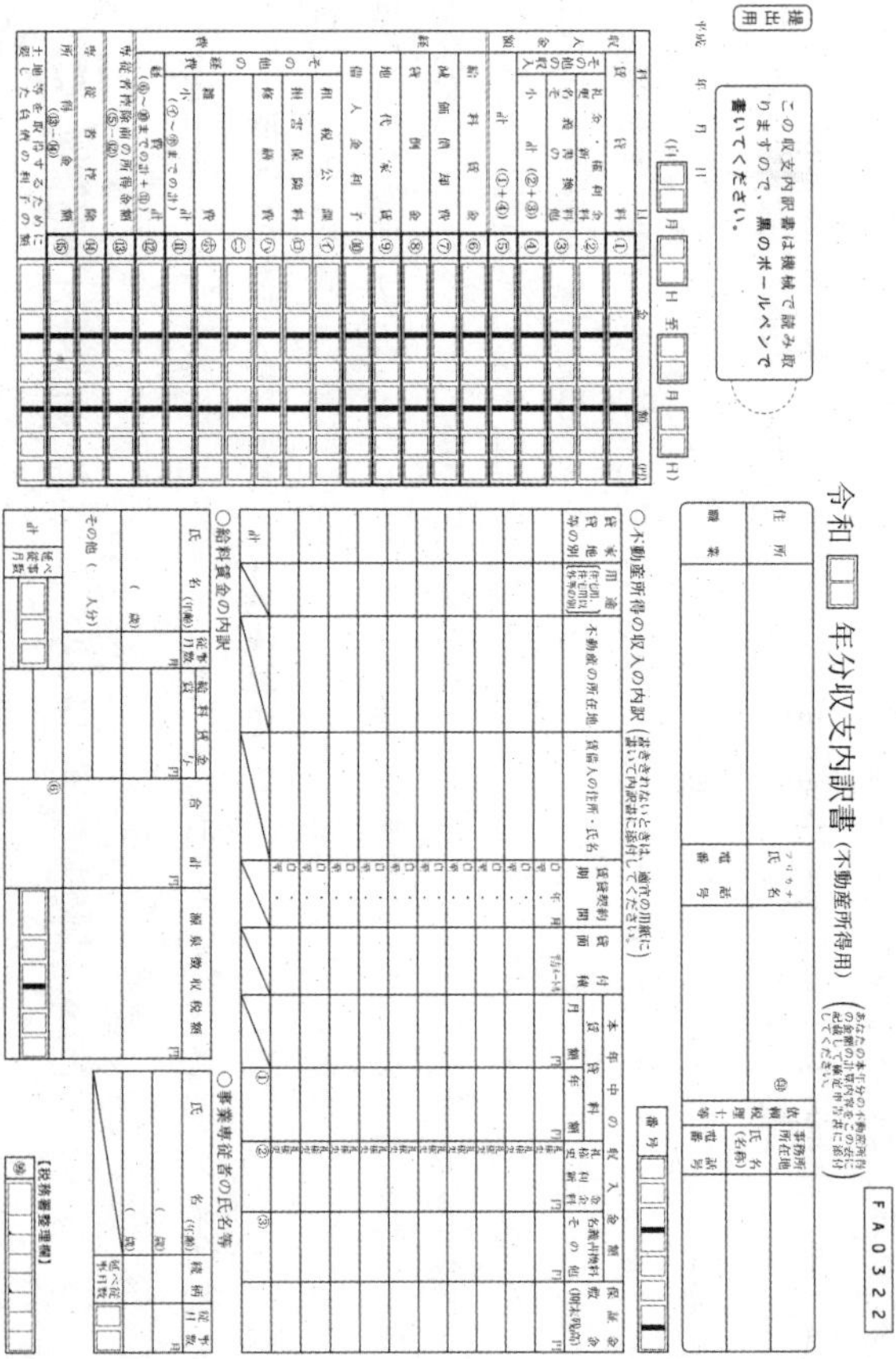

103 節税に直結！ 青色決算書の書き方

青色決算書の作成ですが、これは〝複式簿記〟により作成していきます。つまり、一つひとつの取引を仕訳にして、それを**〝総勘定元帳《そうかんじょうもとちょう》〟**に転記し、科目別残高を決算書に転記して作成するという簿記の基本に則った手順です。

しかし、最近は会計ソフトを利用しての作成が主流となっています。取引の情報を仕訳データとして入力することさえできれば、あとは総勘定元帳への転記、決算書への転記はすべて自動的にパソコンがやってくれます。

ただし、作業自体はそれほど難しくはないとはいえ、取引データを入力する際に、基本的な簿記の知識は必要です。簿記検定3級程度の知識があれば良いでしょう。

また、**青色決算書の場合、損益計算書とともに貸借対照表を作成しなければならない**のが、もっとも難しいところです。

損益計算書は白色申告の収支内訳書と同じ構造なので、理解しやすいのですが、貸借対照表はまったく別物です。

貸借対照表は、年末時点のその人が所有している資産・負債の状況を把握するために作成するものです。

しかし、この作成自体も会計ソフトで仕訳データを正確に入力できれば、自動作成できます。

青色決算書は、導入初年度の作成がもっとも難しいのですが、一度貸借対照表の残高を確定してしまえば翌年からは比較的簡単に作成できるはずです。

図 44：青色決算書（不動産所得用）のフォーマット①

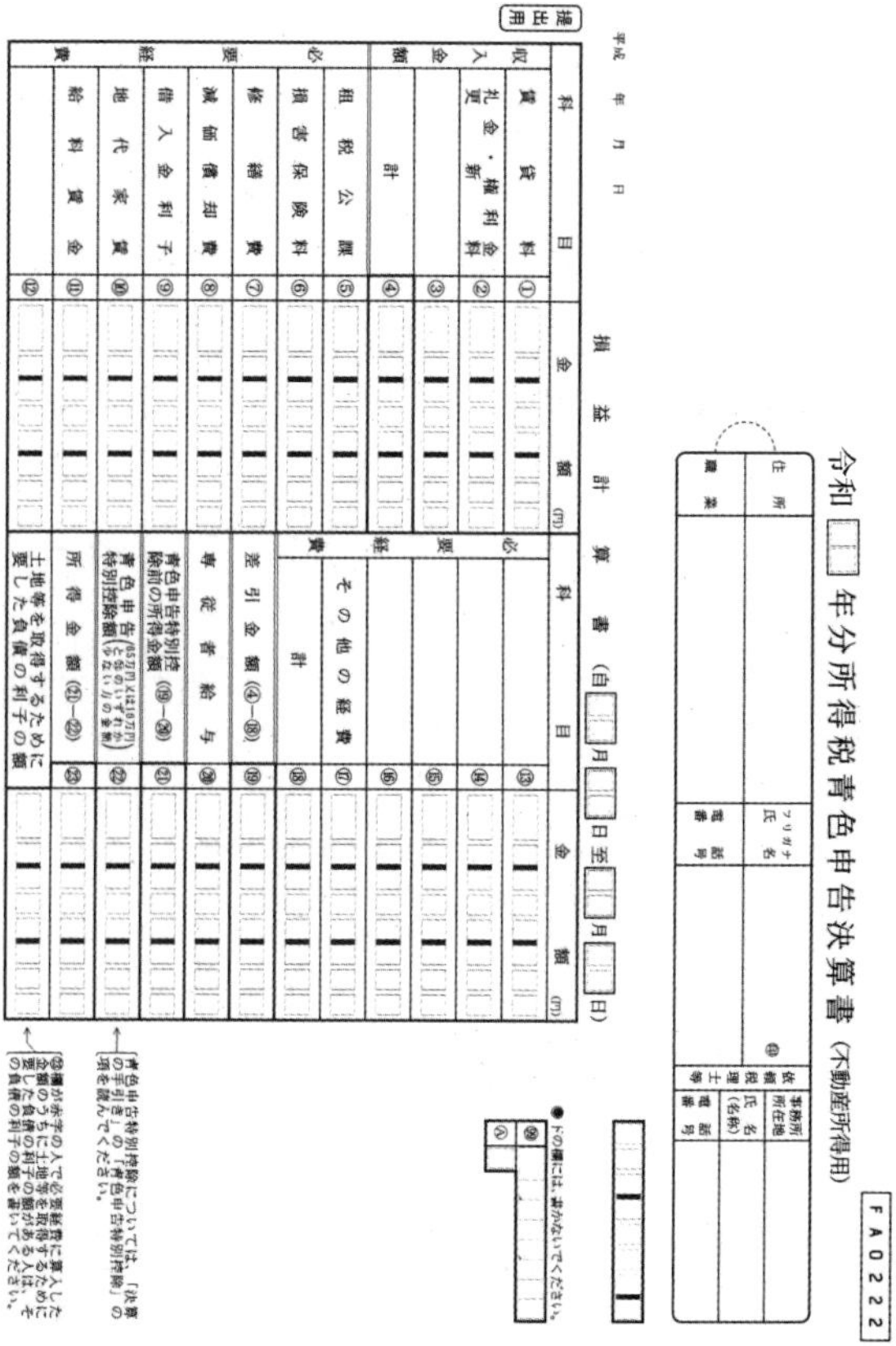

FA0222

令和　年分所得税青色申告決算書（不動産所得用）

住所		フリガナ 氏名	㊞	依頼税理士等 事務所所在地	
職業		電話番号		氏名（名称）	
				電話番号	

提出用

平成　年　月　日

損益計算書（自　月　日至　月　日）

科目		金額（円）	科目		金額（円）
収入金額 賃貸料	①		必要経費	⑬	
礼金・権利金 更新料	②			⑭	
	③			⑮	
計	④			⑯	
必要経費 租税公課	⑤		その他の経費	⑰	
損害保険料	⑥		計	⑱	
修繕費	⑦		差引金額（④−⑱）	⑲	
減価償却費	⑧		専従者給与	⑳	
借入金利子	⑨		青色申告特別控除前の所得金額（⑲−⑳）	㉑	
地代家賃	⑩		青色申告特別控除額（65万円又は10万円と㉑のいずれか少ない方の金額）	㉒	
給料賃金	⑪		所得金額（㉑−㉒）	㉓	
	⑫		土地等を取得するために要した負債の利子の額		

●下の欄には、書かないでください。

⑳

Ⓐ

青色申告特別控除については、「決算の手引き」の「青色申告特別控除」の項を読んでください。

㉓欄が赤字の人で必要経費に算入した金額のうちに土地等を取得するために要した負債の利子の額がある人は、その負債の利子の額を書いてください。

図 45：青色決算書（不動産所得用）のフォーマット②

貸　借　対　照　表　（資産負債調）

（平成　　年　　月　　日現在）

●65万円の青色申告特別控除を受ける人は必ず記入してください。それ以外の人でも分かる箇所はできるだけ記入してください。

資産の部			負債・資本の部		
科目	月　日（期首）	月　日（期末）	科目	月　日（期首）	月　日（期末）
現金	円	円	借入金	円	円
普通預金			未払金		
定期預金			保証金・敷金		
その他の預金					
受取手形					
未収賃貸料					
未収金					
有価証券					
前払金					
貸付金					
建物					
建物附属設備					
構築物					
船舶					
工具器具備品					
土地					
借地権					
公共施設負担金					
			事業主借		
			元入金		
事業主貸			青色申告特別控除前の所得金額		
合計			合計		

（注）「元入金」は、「期首の資産の総額」から「期首の負債の総額」を差し引いて計算します。

◎本年中における特殊事情・保証金等の運用状況（借地権の設定に係る保証金などの預り金がある場合には、その運用状況を記載してください。）

Column

マイナンバーと所得税

平成28年から本格的に導入されたマイナンバー。社会保障・税番号制度という名称からもわかる通り、社会保障関係の手続きや税金の手続きを一つの番号で管理していくという制度です。制度的には平成28年分から税金分野、厚生年金・健康保険は平成29年から導入されています。この他、マイナンバーは災害時の給付にも利用されます。

国民の利便性の向上ということをうたってはいますが、もっともメリットがあるのは行政の効率化が図れるということでしょう。こと税金分野に限っていうと、納税者一人ひとりの所得の把握や扶養状況、さらには財産状況の把握にも使うことができます。要するに、今まで以上に、監視の目が厳しくなったと考えて差し支えありません。

もちろん、脱税などしていないほとんどの納税者にとっては、実質的なデメリットはないはずですが、“見られている”ということを意識させられるのは良い気分ではありません。マイナンバーの導入に際して、一般の納税者にはどのような影響があるのでしょうか。

まずは、所得の把握というところから見ると、源泉徴収票や支払調書が出るようなものは100％把握されます。

Column

しかし、マイナンバー制度導入前であっても、それらの書類がきちんと税務署などに提出されていれば把握されていました。それらの書類を漏らすことなく提出している、コンプライアンス意識の高い企業などで働いている場合には、所得は完全に把握されていたのです。そういう点からいうと、マイナンバー制度が導入されたからといって大きな影響が出るとは思えません。

扶養関係が把握されるというのはどのように影響してくるでしょうか。実はこちらも制度導入前からかなり厳しくチェックされていました。それまでは住所、氏名、生年月日などで扶養関係のデータをチェックしていたはずですが、それが12桁の番号でチェックできるので正確性は増すでしょう。

しかし、こちらも制度導入前に故意に扶養関係を二重で結んでいるなど、不正をしようと考えていた人を除けば大した影響は出ないと思われます。

最後に資産の把握についてですが、税務署はマイナンバーがなくてもその気になればいくらでも情報を入手できます。マイナンバーが導入されたからといっても、直接的に不利益を被る人は少ないはずなのです。国に見られている、といってもごく限られた場面でしかありません。普通の人は、あまり気にすることなく生活していったほうが良さそうです。

7章

ここで差が出る！ 起業・副業の節税18の方法

104 知っておけば所得も変わる！ 事業所得VS.雑所得

サラリーマンも副業を行う人が増えてきました。就業規則などで、副業が禁止されている会社も多いようですが、その範囲や規定についてはややあいまいな部分があるのも事実です。たとえばインターネットオークションなどで売買を行っているような場合、これを副業とするかどうかはどのような基準で判断するのでしょうか。

自分のものだけでなく、他の人から買ってきたものをネットオークションで売買しているような場合は、どうでしょうか。実際、副業になるかどうかは、その売買の頻度によって判断することになります。この場合は副業になる可能性が高いでしょう。

税金の世界でも、その頻度によって所得の種類など取り扱いが異なります。

ネットオークションで利益を得たとすると、それが少額であっても、基本的には税金の対象となります。ただし、すでに紹介した通り、一つの会社から給与をもらっており、その他の所得が年間20万円以下であれば申告する必要はありません。所得の種類としては、「雑所得」という取り扱いになります。たまたま利益が出たものは、雑所得となりますが、最初から計画して継続して取引を行っているような場合は、「事業所得」となるのです。この雑所得と事業所得の違いは、金額的な要素もありますが、もっとも重要なことは**その取引が反復継続して行われているかどうか**です。

サラリーマンが不動産賃貸以外の副業をした場合に、その所得区分は雑所得か事業所得のいずれかに該当することになります。雑所得でも事業所得でもその所得金額の計算方法は、ほとんど変わりません。**収入金額から必要経費を差し引いたものが「所得」として課税対象となる**のです。そして、給与所得があればそれと雑所得、事業所得の金額を合算して所得税を計算することになります。

給与所得、雑所得、事業所得は、総合課税のグループですので、合算して税金を計算することになりますが、この時に雑所得と事業所得の税務上の取り扱いで違いが生じます。それは、もし副業がマイナスになった時、雑所得であればそのマイナスを給与所得と相殺できないのです。

事業は、最初から儲かるかどうかはわかりません。よって、もし赤字になったとしても他の所得と相殺ができるのですが、「雑所得」はたまたま儲かったものなので、最初から赤字が生じることを想定していないのです。

105 自営業の節税の肝はやっぱり〝会計帳簿〟

サラリーマンの副業に限らず、株式会社などの法人組織以外で商売を行っている人には、「**事業所得**」が生じます。

自営業者は、サラリーマンの給与所得と違って、自分でその所得を計算し、申告しなければなりません。

その計算方法の基本は、収入金額から必要経費を差し引くことで行います。その計算を行うためには取引の状況をその都度、自分で記録していかなければなりません。たとえば、売上高であれば○月○日、誰に、何を、いくらで売ったのかを記録するのです。それは一般的に〝**会計帳簿**〟といわれていますが、会計帳簿をつけるためにはある程度簿記の知識が必要になります。

取引発生の都度、仕訳を記録し、それを勘定科目毎に元帳としてまとめ、その勘定科目の期末残高を貸借対照表、損益計算書に分けて利益金額を計算することになります。この作業は、事業所得を得ている人であれば必ず行わなければなりません。

自分の責任において帳簿を作成し、その帳簿から計算された利益金額をもとに税金の金額を計算しなければならないのです。

また、令和4年分以後の雑所得についても一部会計帳簿が必要となりました。副業などの営利を目的とした〝**業務に係る雑所得**〟を有する場合で、その年の前々年分の業務に係る雑所得の収入金額が300万円を超える方は、現金や預金の取引を記録した関係書類を保存する必要があります。

さらに、業務に係る雑所得を有しており、その年の前々年分の業務に係る雑所得の収入金額が1000万円を超える方が確定申告書を提出する場合には、総収入金額や必要経費の内容を記載した書類（収支内訳書など）の添付が必要になります。その場合の収支内訳書は事業所得で作成する収支内訳書（一般用）ものを使うことになります。

フォーマットは312ページに掲載されていますが、雑所得の場合は、左上の「雑（業務）」の欄に○を付して、勘定科目ごとに集計した金額を記載することになります。雑所得であっても、会計帳簿と計算書類の作成が義務付けられているのです。

106 赤字でも申告する理由は？

「うちはそんなに収入がないから申告しなくてもいいのでは？」という質問を受けることがあります。しかし、収入が少なかろうと赤字になる可能性が高かろうと、申告はしなくてはいけません。なぜなら、「事業所得が少ない」「赤字になる」ということは、帳簿にもとづき計算された後でなければわからないからです。

日本の所得税は、給与所得の年末調整という特殊なケースを除き、〝申告納税制度〟をとっています。この制度は、**自らの所得に関しては、自分自身で計算して、税金を支払う制度**なのです。課税する側が課税金額を計算して、算出した税額を納税させる〝賦課課税〟ではありません。どんなに所得金額が低くても、たとえ赤字になっていたとしても、事業所得に関しては必ず計算し、所得税の申告期限である毎年3月15日（休日の場合は次の平日）までに申告しなければなりません。

また、青色申告者が赤字になった場合は、赤字額の繰越ができることもありますので、赤字であっても申告することが大事なのです。

107 起業時の基礎知識① いろいろな届出書

事業（不動産所得を含む）を開始した場合は、その旨を税務署に届け出なければなりません。具体的には、「個人事業の開業・廃業等届出書」（287ページ図46）を税務署長に提出します。

・個人事業の開業等届出書

提出先：納税地を所轄する税務署。個人事業の場合、納税地とは住所、居所、事業所の所在地となるが、たいていの場合、住所を納税地として届け出る。税務署からの各種書類などは納税地に送られるため、比較的異動が少ない住所で届け出るのが良い。

届出期限：届出は開業から1カ月以内。

その他の届出書

・青色申告承認申請書：青色申告をする場合に提出する書類。節税を考えるのであれば、青色申告は基本中の基本なので、開業等届出書と一緒に提出するのが望ましい。

青色申告承認申請書は、開業した年から適用を受けようとする場合、事業開始の日から2カ月以内に提出する必要がある。また、翌年以降であれば、適用を受けようとする年の3月15日までに提出しなければならない。

・**給与支払事務所等の開設届出書**：開業して従業員の雇い入れを行い、給与の支給をする場合、その支払う給与等から定められた金額の源泉所得税を差し引き、給与支払日の翌月10日までに税務署に納めなければならない。この届出書は、その支払いの事務を開始する際のもので、従業員がいなければ届け出る必要はない。

・**源泉所得税の納期の特例**：給与から差し引く源泉所得税は、毎月納付が原則。納期の特例とは、毎月納税するのが事務的に大変なので、1月と7月にそれぞれ6カ月分をまとめて納税できるようにするための届出。従業員に給与支払がある場合は、届け出ておいたほうが良い。

図46：個人事業の開業・廃業等届出書

税務署受付印

1	0	4	0

個人事業の開業・廃業等届出書

＿＿＿＿＿＿＿＿税務署長

＿＿年＿＿月＿＿日提出

納税地	○住所地・○居所地・○事業所等（該当するものを選択してください。） （〒　　－　　） （TEL　　－　　－　　）		
上記以外の住所地・事業所等	納税地以外に住所地・事業所等がある場合は記載します。 （〒　　－　　） （TEL　　－　　－　　）		
フリガナ		生年月日	○大正 ○昭和　　年　　月　　日生 ○平成
氏名	㊞		
個人番号	※　個人番号は印字されません		
職業		フリガナ 屋号	

個人事業の開廃業等について次のとおり届けます。

届出の区分（該当する文字を○で囲んでください。）	開業（事業の引継ぎを受けた場合は、受けた先の住所・氏名を記載します。） 住所＿＿＿＿＿＿＿＿　氏名＿＿＿＿＿＿ 事務所・事業所の（○新設・○増設・○移転・○廃止） 廃業（事由） （事業の引継ぎ（譲渡）による場合は、引き継いだ（譲渡した）先の住所・氏名を記載します。） 住所＿＿＿＿＿＿＿＿　氏名＿＿＿＿＿＿			
所得の種類	○不動産所得・○山林所得・○事業（農業）所得〔廃業の場合……○全部・○一部（　　　）〕			
開業・廃業等日	開業や廃業、事務所・事業所の新増設等のあった日	平成　　年　　月　　日		
事業所等を新増設、移転、廃止した場合	新増設、移転後の所在地	（電話）		
	移転・廃止前の所在地			
廃業の事由が法人の設立に伴うものである場合	設立法人名		代表者名	
	法人納税地		設立登記	平成　　年　　月　　日
開業・廃業に伴う届出書の提出の有無	「青色申告承認申請書」又は「青色申告の取りやめ届出書」	○有・○無		
	消費税に関する「課税事業者選択届出書」又は「事業廃止届出書」	○有・○無		
事業の概要（できるだけ具体的に記載します。）				

給与等の支払の状況	区分	従事員数	給与の定め方	税額の有無	その他参考事項
	専従者	人		○有・○無	
	使用人			○有・○無	
				○有・○無	
	計				

源泉所得税の納期の特例の承認に関する申請書の提出の有無	○有・○無	給与支払を開始する年月日	平成　　年　　月　　日

関与税理士

（TEL　　－　　－　　）

税務署整理欄	整理番号	関係部門連絡	A	B	C	番号確認	身元確認
	0						□ 済 □ 未済
	源泉用紙交付	通信日付印の年月日	確認印	確認書類 個人番号カード／通知カード・運転免許証 その他（　　　）			
		年　月　日					

108 起業時の基礎知識② 事業収入の計算の仕方

事業所得は事業収入から必要経費を差し引いた金額で計算されます。この事業収入の金額には、それぞれの事業から生ずる売上金額の他に、次のようなものも含まれます。

金銭以外の物や権利その他の経済的利益の価額

金銭以外でも経済的に利益が生じるような場合も収入金額とする。たとえば、支払うべきお金を免除してもらった場合などがこれに当てはまる。

商品を自家用に消費したり、贈与した場合のその商品の価額

たとえば食料品店の場合、お店の商品を自分で食べた場合などがこれに当てはまる。ただし、その場合の単価は仕入価格（販売価額の70％程度を下回らない場合に限る）でも構わない。

商品などの棚卸資産について損失を受けたことにより支払いを受ける保険金や損害賠償金等

販売用の商品について受け取った保険金などは収入に入れる。

空箱や作業くずなどの売却代金

事業を行っている中で付随的に出たものの売却代金についても収入金額に含む。

仕入割引やリベート収入

事業に関する割引、リベートも収入金額に含む。

この他、注意しなければならないことは、収入金額に入れるタイミングです。所得税法では次のようにその時期を規定しています。

・棚卸資産の販売（試用販売及び委託販売を除く）による収入金額については、その引き渡しがあった日。

・棚卸資産の試用販売、委託販売による収入金額については、相手方が購入の意思を表示した日。棚卸資産の委託販売による収入金額については、受託者がその委託品を販売した日。

・請負による収入金額については、物の引き渡しを要する請負契約にあってはその目的物の全部を完成して相手方に引き渡した日、物の引き渡しを要しない請負契約にあってはその約した役務の提供を完了した日。

・人的役務の提供（請負を除く）による収入金額については、その人的役務の提供を完了した日。

ここで共通しているのは、**実際の入金があった時期ではなく、あくまで仕事が終わった段階で収入としなければならない**ということです。収入金額に算入する時期は、一般の感覚よりは早いといえるでしょう。

109 こういうものも「経費」で落とせる！

文字通り、収入を得るために必要な経費を「**必要経費**」といいます。言葉はシンプルですが、実際にどこまで経費として認められるかは、かなり悩ましい部分もあります。たとえば小売や卸売業であれば、その商品の仕入に関する原価の金額はもちろん、その事業を行うにあたって雇い入れた従業員の給与・賞与、社会保険料の事業主負担分、これらも必要経費になることは明白です。問題なのは、その他の経費です。

たとえば自宅兼オフィスの場合、その家賃の全額を必要経費とすることはできません。また、同じように自宅兼オフィスの電気代、電話代など、個人の生活費と混ざっているような支出については、その生活部分と事業部分を何らかの合理的な基準で按分することが求められます。家賃の場合であれば、生活部分と事業部分をその使用している面積の割合で按分するという方法が考えられます。

車を使う仕事なら、その車の減価償却費やガソリン代などを経費とすることができますが、その場合の按分は走行距離などの割合が考えられるでしょう。

また、経費として計上するためには、必要な要件もいくつかあります。それは、必要経費となる金額はその年において債務の確定した金額（債務の確定によらない減価償却費などを除く）ということですが、次の条件があります。

（1）その年の12月31日までに債務が成立していること

（2）その年の12月31日までにその債務に基づいて具体的な給付をすべき原因となる事実が発生していること

（3）その年の12月31日までに金額が合理的に算定できること

支払いをしていれば経費になるということではありません。商品の仕入であれば、原則としてその引き渡し時に債務が確定するので、仕入代金の支払いをしていなくても必要経費の金額に算入することができます。反対に仕入代金の前払いをしているような場合、その支払いの時点では、商品の引き渡しはしていないので、必要経費とすることはできません。

また、商品などの仕入に関して、年末時点で売れ残っている在庫については「棚卸資産」としてその年の経費にすることはできず、商品が売れた時点で経費にすることができるのです。

110 消耗品として経費計上できるものの判定は

不動産賃貸業の場合、必要経費の中で大きな比率を占めるのは、「減価償却費」です。建物などの所有にかかわる費用は、不動産賃貸には欠かせないものだからです。同様に、サラリーマンの副業など、事業にかかる税金を計算する上でも、減価償却費の計算が出てくることがあります。

というのも、**事業を営むために必要な資産を取得した場合、その資産の減価償却費は必要経費に算入することができる**のです。たとえば、〝車両〟。その事業のために車両を使用しなければならないのであれば、その車両に関する減価償却費は必要経費とすることができるのです。ここで減価償却資産とは何かを見ていきます。

減価償却資産とは、取得金額が大きく、何年にもわたって使用することができる資産をいいます。税金の世界では、金額と年数で基準が設けられているのです。

次ページ図47のように、10万円未満または使用可能期間が1年未満の場合は、減価償却資産とする必要はなく、その年の経費である消耗品費として計上できます。

図47：減価償却資産の判定チャート

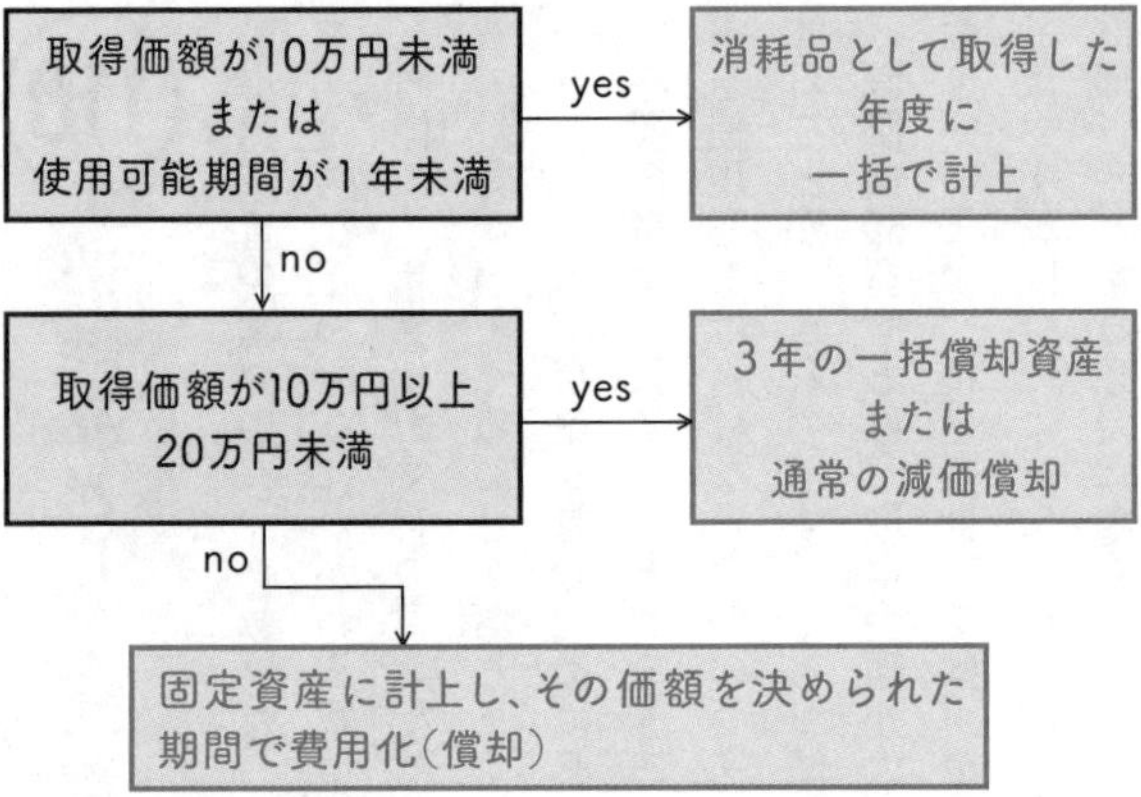

ただ実務上、使用可能期間1年未満という判定はなかなかできないので、ほとんどが金額基準の10万円を使って判断することになります。

さらに、10万円以上であっても20万円未満であれば3年で償却する**「一括償却資産」**として計上できます。通常の減価償却計算とは異なり、3年という短い期間で償却ができ、計算は残存価額ゼロなど、簡便的な計算ができます。

この金額帯の資産は、通常の減価償却費の計算もできますが、簡単で便利な一括償却資産とするほうが良いでしょう。

さらに20万円を超えると通常の減価償却費の計算をすることになりますが、青色申告の場合はさらに特典があります。これについては、後の青色申告のところで解説します。

111 なるほど! 事業用資産はこう売れば良かったのか

事業用の資産を売却した場合も、税金の対象となる可能性があります。そのケースとして〝車両の売却〟を考えてみましょう。事業用として車両を持っていた人が売却した場合、事業所得として計算はしませんが、個人の場合は、譲渡所得（総合）として計算することになります。譲渡所得の計算方法は、

譲渡所得 ＝ 売却代金 －（取得費 ＋ 譲渡費用）

車両の場合、減価償却資産ですから、取得費から過去に償却した金額を差し引かなければなりません。つまり、売却時の残っている帳簿価額が取得費ということになります。さらに譲渡費用を差し引いた金額が譲渡所得となりますが、この場合は、そこから特別控除としてさらに50万円を差し引くことができます。

また、売却した資産が取得から5年超の場合、課税対象となる金額は、2分の1となり、税金的にはかなりお得です。その譲渡所得は、株式や不動産と異なり総合課税であるため、給与所得などがある場合は、合算して計算することになります。

112 青色申告はあなたの強い味方になる

青色申告は、適正な帳簿に基づいて申告をする人に対し、税務上の特典を与える制度です。青色申告をしたい人は、次の区分に応じて期限までに青色申告承認申請書を提出してください。

① **すでに事業を行っている人**
その年の3月15日までに納税地の所轄税務署長に提出。

② **新規開業した人**（その年の1月16日以後に新規に事業を開始した場合）
事業を開始した日から2カ月以内に「青色申告承認申請書」を納税地の所轄税務署長に提出。

すでに事業を行っている人は最短で翌年から、新たに事業を行う人は最初の年から青色で申告することができますので、忘れずに提出するようにしてください。

113 これは絶対使いたい！ 青色申告の特典

青色申告には、たくさんの税務上の特典がありますが、その中から主なものにしぼって紹介します。

青色申告特別控除

すでに紹介した通り、青色申告で正規の簿記の原則に従って帳簿を作成した場合、55万円（令和2年分以降は電子申告または電子帳簿保存の場合65万円）の特別控除を受けることができます。簡易帳簿であっても10万円の控除を受けられます。これは直接、節税に役立ちます。

青色事業専従者給与の必要経費算入

個人事業の場合、家族の助けを借りて事業を営むことが多いものです。その家族に対して支払った給与は、経費として認めてもらえます。ただし、金額など一定の事項を記載した届出書を税務署にあらかじめ提出しておかなければなりません。

少額減価償却資産の必要経費の算入

減価償却資産のところで一部紹介したように、10万円以上のものであれば、減価償却資産として償却費の計算を行わなければなりませんでした。

ただし、青色申告をしている人については、「少額減価償却資産の特例」ということで30万円未満（ただし1年の合計で３００万円未満）までについては、その年の必要経費として算入できることになっています。この制度は時限があり、令和6年3月31日までとされています。

純損失の繰越控除

所得税の計算は、毎年1月1日から12月31日までの1年間という期間で計算を行います。事業所得は利益が出ることもありますが、損をすることもあります。損をした時には税金を支払う必要はありませんが、利益が出た時にはその利益金額に税金が課せられることになっています。

そこで、青色申告については、出してしまった損（「**純損失**」といいます）をそれ以降3年間繰り越すことを認め、その間に出た所得との相殺を認めることとしているのです。これも節税に役立つ制度です。

更正の制限

事業を行っていれば、数年に1回税務署から申告状況について、チェックされることがあります。これを「**税務調査**」といいます。

青色申告をしていた場合は帳簿が作成されている訳ですから、税務調査で間違いが指摘され、税務署がそれを直す場合は、帳簿に基づいて直さなければならないという制限がつけられます。青色申告をすることで、納税者の権利が守られるという意味合いもあります。

114 事業所得をおさえて収入を上げる3つのポイント

事業所得の節税の基本は、細かいことをコツコツと積み重ねるということに尽きます。一発逆転という発想はやめ、一つずつ確実に実行していくことをお勧めします。

青色申告をする！

何といっても青色申告は、節税の基本です。前項目で紹介した税制上の各種特典を利用することで、節税が可能となります。

専従者給与を支給する！

専従者給与を支給することで節税は可能となります。同居している家族に事業を手伝ってもらっている場合、その労働の程度に応じて専従者給与を支給することで、事業所得を圧縮することができ、ひいては節税につながります。この場合、その支給する旨、支給時期、金額などを税務署長に届け出ておかなければなりません。

細かな経費の計上

事業所得を少なくするには、収入金額を減少させるか、必要経費を増加させるか、それしか方法はありません。収入金額を減少させることは、事業を行う目的からすると本末転倒となりますので、考えなくてもいいでしょう。とすると、必要経費を増加させるしか方法はありません。しかし、収入を上げるために支出したものだけが必要経費なので、何でもかんでも必要経費とすることはできません。

そこで、自分の事業を振り返る必要があります。その中で、収入を上げるために使っていた費用を漏れなく帳簿に記載していくのです。

たとえば、〝**交通費**〟。タクシーなら領収書をもらえますので問題はないのですが、電車や地下鉄、バスなどの公共交通機関を利用した場合にも、〝旅費精算書〟などを作成し、きちんと記録を残しておくことで必要経費とすることが可能です。また、水道光熱費や通信費など、私用部分が含まれているような費用でも、合理的な按分割合によって一部を必要経費とすることは可能です。さらに〝**車両費**〟として、ガソリン代や車検費用、修理代、駐車料なども経費計上は可能です。自宅に1台しか車がない場合は、やはり按分で事業部分のみを必要経費として計上することは可能です。

115 共済制度を利用して節税

共済制度というと、何かの組合に入ったうえで加入するというイメージがあると思います。もちろん、そういった制度も数多くありますが、節税をテーマにした共済制度は、やや趣が異なります。

所得税の節税を行うための制度としては、第5章でご紹介した「ｉＤｅＣｏ」などの制度があります。ｉＤｅＣｏの最大の特徴は、掛け金が全額所得控除になるという点です。

また、それを受け取る際には、一括であれば退職所得として計算し、分割であれば公的年金と同様の取り扱いをするという税制的なメリットが用意されています。

ここでご紹介するのは、ｉＤｅＣｏのようにサラリーマンなどの給与所得者でも加入できるというわけではありません。一定の事業を営んでいる者が加入できる2つの制度についてみていきましょう。

一つ目は**小規模企業共済**という制度です。小規模企業共済は個人事業主が加入する制度です。

個人が事業をやめた時、会社等の役員を退職した時、個人事業の廃業などにより共同経営者を退任した時などの生活資金等をあらかじめ積み立てておくための共済制度です。

この制度は小規模企業共済法に基づき、独立行政法人中小企業基盤整備機構が運営しています。月額の掛け金は、1000円から7万円までの範囲（500円刻み）で自由に選べ、**掛け金は税法上、全額が「小規模企業共済等掛金控除」として課税対象となる所得から控除されます**。

この共済も、受け取る際は、一括の場合は退職所得として、分割の場合は公的年金として、税制的なメリットを受けることができます。加入できる方は、個人事業者（不動産事業を含む）（※1）と、一定の中小企業の役員です。

2つ目は、前述の小規模企業共済制度を運営している中小企業基盤整備機構が取り扱っている、「**経営セーフティ共済**」という制度も使い方によっては、節税（正確には課税の繰り延べ）に利用することが可能です。こちらも事業を行っている人が対象です。

経営セーフティ共済の本来の仕組みは、倒産などのリスクに備え積み立てておき、得意先などの倒産により売上代金回収ができなくなった場合、自分が積み立てている金額の10倍までの金額の融資を受けることができるというものです。

そして、この掛け金は必要経費になるため、支払った時点では節税となります。加入をやめた場合には、掛け金のほぼ全額近くの金額が戻ってきます（※2）。

もちろん、これは収入として課税対象となりますが、解約は自分の都合でできるため、利益が少ない年に解約することで節税が図れるのです。

（※1）給与所得をメインとする、いわゆるサラリーマンオーナーは加入できません
（※2）加入期間が12カ月未満の場合は掛け捨てになるなど、一定の要件があります

116 電子申告をして節税

世の中はICT時代。電子通信技術を利用するのが当たり前になってきています。税金の世界も例外ではありません。個人の所得税確定申告の場合、国税庁のホームページから電子申告ができるようになっていますし、各種ソフトメーカーやクラウドを利用した仕組みも普及しつつあります。本節のテーマは、「電子申告をして節税」となっていますが、これは「**電子申告をしないと増税**」ともいえます。税金の世界では電子申告や電子帳簿を利用しなければ税金が増える傾向にあるのです。

身近にある端的な制度の一つが個人所得税の確定申告における青色申告控除の金額についてです。本書でも取り上げているように、事業所得、不動産所得などの所得金額を計算する際に、正規の簿記の原則により帳簿を作成した場合、65万円または10万円の青色申告特別控除が認められています。しかし、この控除が平成30年度税制改正で、令和2年分以後の個人の青色申告では、55万円または10万円となりました。つまり、65万円の控除金額が10万円下げられたのです。ただし一定の要件を満たした時には現在と同額の65万円の控除が受けられます。その要件とは次のいずれかです。

（1）電磁的記録の備付けおよび保存をしている場合

その年分の事業にかかる仕訳帳および総勘定元帳について、電子計算機を使用して作成する国税関係帳簿書類の保存方法等の特例に関する法律に定めるところにより、電磁的記録の備付けおよび保存を行っていること。

（2）e-Taxにより電子申告をしている場合

その年分の所得税の確定申告書、貸借対照表および損益計算書等の提出を、その提出期限までに電子情報処理組織（e-Tax）を使用して行うこと。

簡単にいうと（1）ソフトウエアを利用して電子的な保存を行うことを事前に税務署に届け出て承認を受けるか、（2）電子申告を行えば従来の65万円の控除を受けることは可能だということなのです。

同じ青色申告で申告をしても、紙で帳簿を作成し保存している場合、または紙で申告書を提出する場合と電子で申告する場合では10万円控除額の差が生じることになります。当然、電子帳簿を作成保存または電子申告を行ったほうが税務的には有利になりますので、これからは電子で税務処理を行うのが当たり前と思ったほうが良いです。

117 応用編　大きな利益が出た時に使える制度

事業所得の基本的な節税策をしても、なお税額が大きい時には応用的な節税策を考えてみましょう。もちろん、税金を支払うことは悪いことではなく、節税が最終的な目標ではありません。

ある一定以上の利益を出した場合は、お金を残しておくための方法の一つとして節税を行うというイメージで良いと思います。

小規模企業共済などの利用!!

すでに項目115で紹介した制度ですが、個人事業主が事業を廃止した場合など、事業の第一線を退いた時に、それまで積み立ててきた掛け金に応じた共済金を受け取ることができるものです。

掛け金はすべて所得控除の対象となりますので、まとまった金額の節税が可能です。**掛け金の限度額は月7万円、年84万円まで控除の対象**となります。特にまとまった利益が出てしまった時には、共済掛金を年払契約にすることで課税所得を減らすことが可能になります。

また、事業廃止などで共済金を受け取る場合は退職所得となり、退職所得控除〈在職年数20年以内は1年当たり40万円〈最低80万円〉、20年超800万円＋70万円×〈在職年数－20年〉〉を差し引くことができ、課税対象となるのは、差し引いた金額のさらに2分の1という税金的に恵まれた条件で受給することができます。

共済制度を運営しているのは、中小企業基盤整備機構という独立行政法人ですので、安全性も高いといえるでしょう。

法人化を実施する!!

個人事業主の所得には所得税が課されます。この所得税は、その税率が所得金額の増加とともに上がる累進課税の制度をとっています。つまり、所得金額が大きければ大きいほど、税負担が増す仕組みになっているのです。

これに対して株式会社などに代表される法人の所得には「**法人税**」が課されます。法人税の税率は中小企業の場合、年間800万円までの所得に対しては15％、80

0万円超の部分に対しては23・2％とほぼ一定となっています。

個人事業主や法人の所得に対しては、所得税、法人税の他に住民税や事業税も課税されます。単純比較で所得税と法人税の税率だけ考えても所得税率が30％を超える金額あたりから、法人税のほうが税金的に有利になってきます。

年間所得900万円を超えると所得税率は30％で課税、この時点で税率は逆転することになるのです。

その他、様々な要素があり、一概に法人税のほうが有利になるとは限りません。ある一定の所得金額になれば、株式会社などの法人で事業を営むほうが、税金的には有利になるといわれているのです。

118 税務署から指摘を受けない！　収支内訳書の書き方

サラリーマンの副業や自営業の所得計算を行う時にも、収支内訳書か青色申告決算書を使用します。節税を考えると青色申告決算書がお勧めですが、手軽に作成できるという意味で、収支内訳書の白色申告を選択する人もいます。

また、事業所得だけではなく、副業などの営利を目的とした雑所得を申告する人についても前々年分の業務に係る雑所得の収入金額が１０００万円を超える場合には、この収支内訳書の添付が必要になります。

収支内訳書は３１２ページからの図48・49を見てわかる通り、非常にシンプルな構成となっています。メインの計算は、収入から始まり、売上原価、経費という順で記載し、収入から順次差し引いていけば、最終的には所得金額が計算できる仕組みです。

ただ一つ難点としては、その他の経費の項目が限られているということです。よって、ある程度経費の項目を絞って記載する必要があります。

その他の記載項目は、各項目についての内訳を簡潔に記載する箇所と、減価償却費の計算、本年中における特殊事情箇所にわかれます。

内訳については、項目数が限られているので主なもののみの記載となります。

減価償却費の計算欄もその行数が限られているため、書ききれなかった場合は別紙に記載して提出すると良いでしょう。

特殊事情は、税務署に対して例年と異なる割合でかかった経費や収入の大幅な増減などがあった場合に記載します。

たとえば大幅に利益が減った場合、体調を崩して働けなかった、店舗のリニューアルをしたので1カ月分の売上がない、などの理由を書きます。

税務署は、いつもの年と違う数字の動きをした場合にチェックが厳しくなる傾向があるので、この欄できちんと説明しておくとあらぬ疑いをもたれなくて済みます。

図48：収支内訳書（一般用）のひな型①

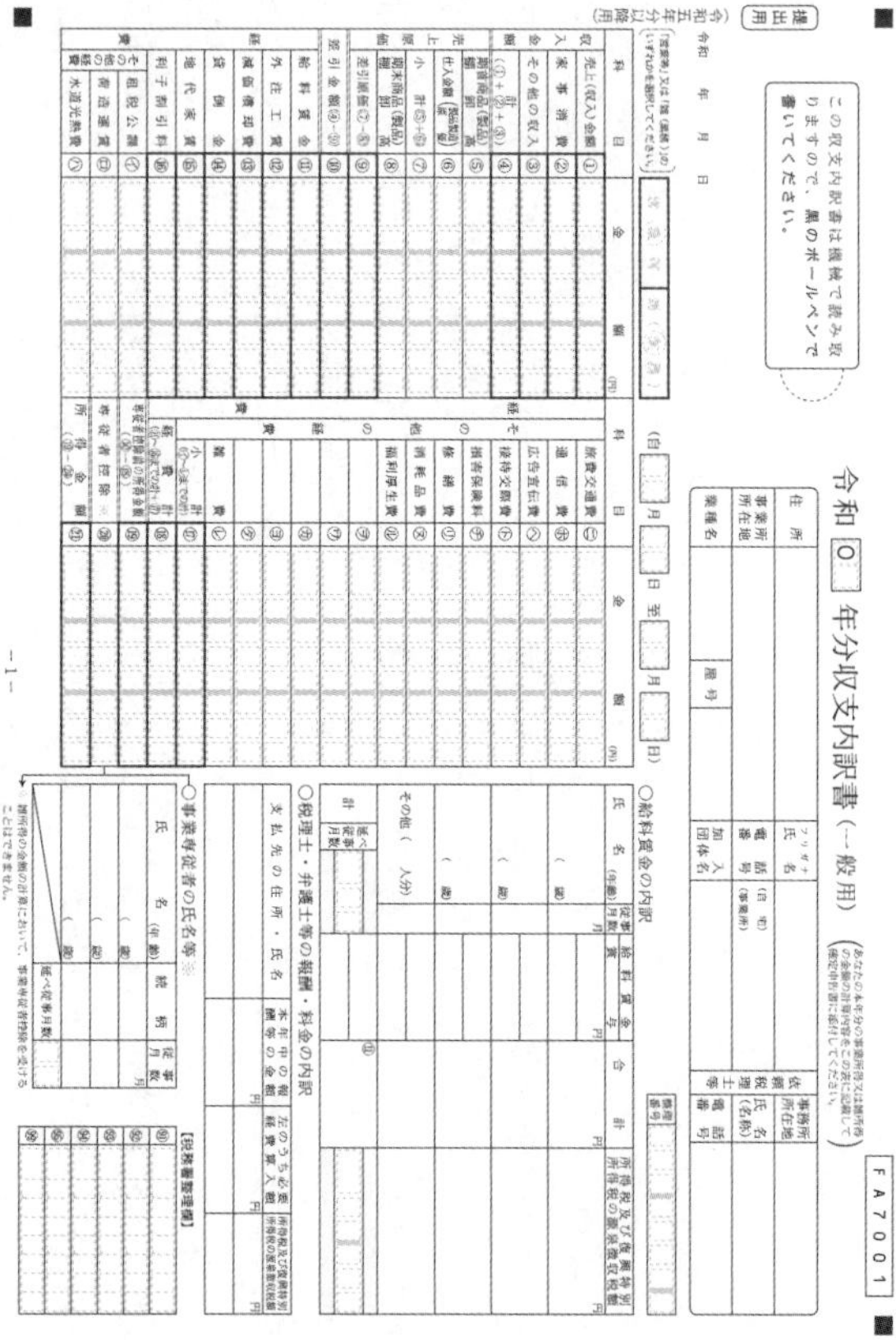

FA7001

提出用

（令和五年分以降用）

この収支内訳書は機械で読み取りますので、黒のボールペンで書いてください。

令和 0 年分収支内訳書（一般用）

（あなたの本年分の事業所得又は雑所得の金額の計算内容をこの表に記載して確定申告書に添付してください。）

住所		フリガナ 氏名		依頼税理士等 事務所所在地	
事業所所在地		電話番号	（自宅）（事業所）	氏名（名称）	
業種名	屋号	加入団体名		電話番号	

令和　年　月　日

「営業等」又は「雑（業務）」のいずれかを選択してください。　営業等　雑（業務）

（自　月　日　至　月　日）

科目			金額（円）	科目		金額（円）
収入金額	売上（収入）金額	①		経費 その他の経費	旅費交通費 ㊁	
	家事消費	②			通信費 ㊄	
	その他の収入	③			広告宣伝費 ㊅	
	計（①＋②＋③）	④			接待交際費 ㊆	
売上原価	期首商品（製品）棚卸高	⑤			損害保険料 ㊇	
	仕入金額（製品製造原価）	⑥			修繕費 ㊈	
	小計⑤＋⑥	⑦			消耗品費 ㊉	
	期末商品（製品）棚卸高	⑧			福利厚生費 ㊊	
	差引原価⑦－⑧	⑨			㋐	
差引金額④－⑨		⑩			㋑	
経費	給料賃金	⑪			㋒	
	外注工賃	⑫			㋓	
	減価償却費	⑬			㋔	
	貸倒金	⑭			雑費 ㋕	
	地代家賃	⑮			小計（㋑～㋕までの計） ㋖	
	利子割引料	⑯		経費計（⑪～⑯までの計＋㋖）	⑱	
	その他の経費 租税公課	㋑		専従者控除前の所得金額（⑩－⑱）	⑲	
	荷造運賃	㋺		専従者控除 ※	⑳	
	水道光熱費	㋩		所得金額（⑲－⑳）	㉑	

整理番号

○給料賃金の内訳

氏名（年齢）	従事月数	給料賃金	賞与	合計	所得税及び復興特別所得税の源泉徴収税額
（　歳）	月	円	円	円	円
（　歳）					
（　歳）					
その他（　人分）					
計 延べ従事月数				⑪	

○税理士・弁護士等の報酬・料金の内訳

支払先の住所・氏名	本年中の報酬等の金額	左のうち必要経費算入額	所得税及び復興特別所得税の源泉徴収税額
	円	円	円

○事業専従者の氏名等 ※

氏名（年齢）	続柄	従事月数
（　歳）		月
（　歳）		
（　歳）		
	延べ従事月数	

※ 雑所得の金額の計算において、事業専従者控除を受けることはできません。

【税務署整理欄】

㊾
㊿
○51
○52
○53
○54

－1－

図 49：収支内訳書（一般用）のひな型②

（令和五年分以降用）

FA7051

整理番号

○売上（収入）金額の明細　※ 登録番号を記載する場合には、先頭に「T」を付けた上で13桁の数字を記入してください。

売上先名	所在地	登録番号（法人番号）（※）	売上（収入）金額
			円
上記以外の売上先の計			
	右記①のうち軽減税率対象	うち　円	計 ①

○仕入金額の明細

仕入先名	所在地	登録番号（法人番号）（※）	仕入金額
			円
上記以外の仕入先の計			
	右記⑥のうち軽減税率対象	うち　円	計 ⑥

◎本年中における特殊事情

○減価償却費の計算

減価償却資産の名称等（繰延資産を含む）	面積又は数量	取得年月	㋑ 取得価額（償却保証額）	㋺ 償却の基礎になる金額	償却方法	耐用年数	㋩ 償却率又は改定償却率	㋥ 本年中の償却期間	㋭ 本年分の普通償却費（㋺×㋩×㋥）	㋬ 特別償却費	㋣ 本年分の償却費合計（㋭＋㋬）	㋠ 事業専用割合	㋷ 本年分の必要経費算入額（㋣×㋠）	㋦ 未償却残高（期末残高）	摘要
		年　月 ・	円 （　　）	円		年		月 /12	円	円	円	%	円	円	
		・	（　　）					/12							
		・	（　　）					/12							
		・	（　　）					/12							
		・	（　　）					/12							
		・	（　　）					/12							
計													⑬		

（注）平成19年4月1日以後に取得した減価償却資産について定率法を採用する場合にのみ㋑欄のカッコ内に償却保証額を記入します。

○利子割引料の内訳（金融機関を除く）

支払先の住所・氏名	期末現在の借入金等の金額	本年中の利子割引料	左のうち必要経費算入額
	円	円	円

○地代家賃の内訳

支払先の住所・氏名	賃借物件	本年中の賃借料・権利金等	左の賃借料のうち必要経費算入額
		権更　円 賃	円
		権更 賃	

－2－

119 失敗しない! 青色申告決算書の書き方

316ページ以降にフォーマットを紹介していますので、ご覧いただくとわかるように収支内訳書に比べて、**「青色申告決算書」はやや細かい記載ができるような作り**となっています。

図50は損益計算書ですが、項目数が少し多く取れるようになっており、図51には売上高と仕入高の月別の金額を記載する箇所があります。

月ごとに変動がある事業だと、毎年のこの部分の数字と比べることで異常値がないかどうかチェックすることができます。また、各項目の内訳を記載する箇所も多く設けられているため、金額などの間違いを見つけるのが容易になっています。

青色申告決算書独自の項目として、貸倒引当金繰入額の計算の部分があります。これは、売掛金のうち将来回収できないというリスクに備えて設けられているもので、所得金額を下げる効果があります。

ここで計算した金額は損益計算書の貸倒引当金の繰入額に記載されます。これは青色申告の特典の一つでもあります。

同じく特典の一つの特別控除も図50で計算します。図52は主に減価償却費の計算です。この計算方法自体は、収支内訳書とまったく同じです。

319ページの図53には「貸借対照表」があります。期末時点での資産と負債について各勘定科目残高を記載していきます。

青色申告決算書は、最近の会計ソフトでは簡単に作成することができるため、今まで白色申告をしていた人でも青色申告に変更する人が増えてきました。さらに白色申告をする人に対しても会計帳簿への記載が求められるなど、記帳について重要度が上がっています。どうせ会計帳簿をつけなければならないのであれば、青色申告を申請して税務上の特典を受けたほうが良いということもあります。

節税には青色申告が最適ですので、ぜひチャレンジしてみてください。

図 50：青色申告決算書(一般用)のひな型①

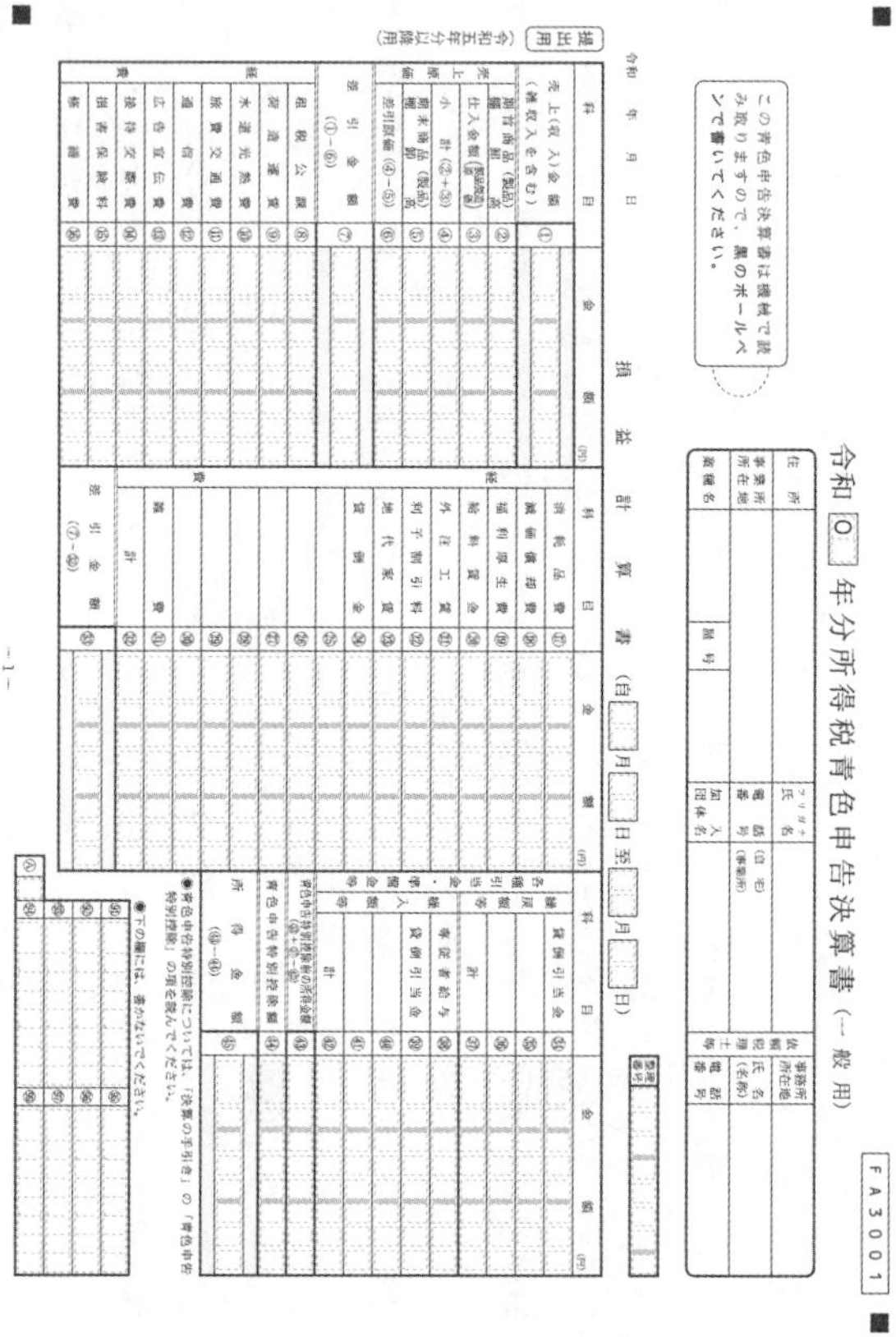
FA3001

令和 0 年分所得税青色申告決算書（一般用）

住所		フリガナ 氏名		依頼税理士等 事務所所在地	
事業所所在地		電話番号	(自宅) (事業所)	氏名(名称)	
業種名	屋号	加入団体名		電話番号	

この青色申告決算書は機械で読み取りますので、黒のボールペンで書いてください。

提出用（令和五年分以降用）

令和 年 月 日

整理番号

損益計算書（自 月 日至 月 日）

科目		金額(円)	科目		金額(円)	科目		金額(円)
売上(収入)金額(雑収入を含む)	①		経費 消耗品費	⑰		各種引当金・準備金等 繰戻額等 貸倒引当金	㉞	
売上原価 期首商品(製品)棚卸高	②		減価償却費	⑱			㉟	
仕入金額(製品製造原価)	③		福利厚生費	⑲			㊱	
小計(②+③)	④		給料賃金	⑳		計	㊲	
期末商品(製品)棚卸高	⑤		外注工賃	㉑		繰入額等 専従者給与	㊳	
差引原価(④−⑤)	⑥		利子割引料	㉒		貸倒引当金	㊴	
差引金額(①−⑥)	⑦		地代家賃	㉓			㊵	
経費 租税公課	⑧		貸倒金	㉔			㊶	
荷造運賃	⑨			㉕		計	㊷	
水道光熱費	⑩			㉖		青色申告特別控除前の所得金額(㉝+㊲−㊷)	㊸	
旅費交通費	⑪			㉗		青色申告特別控除額	㊹	
通信費	⑫			㉘		所得金額(㊸−㊹)	㊺	
広告宣伝費	⑬			㉙				
接待交際費	⑭			㉚				
損害保険料	⑮		雑費	㉛				
修繕費	⑯		計	㉜				
			差引金額(⑦−㉜)	㉝				

●青色申告特別控除については、「決算の手引き」の「青色申告特別控除」の項を読んでください。

●下の欄には、書かないでください。

	㊿		
Ⓐ			

−1−

図 51：青色申告決算書(一般用)のひな型②

令和 0 年分　　氏名《フリガナ》

整理番号　　FA3026

提出用（令和五年分以降用）

○月別売上(収入)金額及び仕入金額

月	売上(収入)金額	仕入金額
1	円	円
2		
3		
4		
5		
6		
7		
8		
9		
10		
11		
12		
家事消費等		
雑収入		
計		
うち軽減税率対象	うち　円	うち　円

○貸倒引当金繰入額の計算（この計算に当たっては、「決算の手引き」の「貸倒引当金」の項を読んでください。）

			金額
個別評価による本年分繰入額（「個別評価による貸倒引当金に関する明細書」の金額の金額を書いてください。）		①	円
一括評価による本年分繰入額	年末における一括評価による貸倒引当金の繰入れの対象となる貸金の合計額	②	
	本年分繰入限度額（②×5.5%（金融業は3.3%））	③	
	本年分繰入額	④	
本年分の貸倒引当金繰入額（①＋④）		⑤	

○給料賃金の内訳

氏名	年齢	従事月数	支給額 給料賃金	支給額 賞与	支給額 合計	所得税及び復興特別所得税の源泉徴収税額
	歳	月	円	円	円	円
その他（　人分）						
計	延べ従事月数					

○専従者給与の内訳

氏名	続柄	年齢	従事月数	支給額 給料	支給額 賞与	支給額 合計	所得税及び復興特別所得税の源泉徴収税額
		歳	月	円	円	円	円
計		延べ従事月数					

○地代家賃の内訳

支払先の住所・氏名	賃借物件	本年中の賃借料・権利金等	左の賃借料のうち必要経費算入額
		権 更 賃　円	円
		権 更 賃	

○青色申告特別控除額の計算（この計算に当たっては、「決算の手引き」の「青色申告特別控除」の項を読んでください。）

			金額
本年分の不動産所得の金額（青色申告特別控除額を差し引く前の金額）		⑥	（赤字のときは0）　円
青色申告特別控除前の所得金額（1ページの「損益計算書」の㉝欄の金額を書いてください。）		⑦	（赤字のときは0）
65万円又は55万円の青色申告特別控除を受ける場合	65万円又は55万円と⑥のいずれか少ない方の金額（不動産所得から差し引かれる青色申告特別控除額です。）	⑧	
	青色申告特別控除額（「65万円又は55万円－⑧」と⑦のいずれか少ない方の金額）	⑨	
上記以外の場合	10万円と⑥のいずれか少ない方の金額（不動産所得から差し引かれる青色申告特別控除額です。）	⑧	
	青色申告特別控除額（「10万円－⑧」と⑦のいずれか少ない方の金額）	⑨	

（注）貸倒引当金、専従者給与や3ページの割増（特別）償却以外の特典を利用する人は、適宜の用紙にその明細を記載し、この決算書に添付してください。

－2－

図 52：青色申告決算書(一般用)のひな型③

(令和五年分以降用)

FA3051

整理番号

○売上(収入)金額の明細　※ 登録番号を記載する場合には、先頭に「T」を付けた上で13桁の数字を記入してください。

売上先名	所在地	登録番号（法人番号）(※)	売上(収入)金額
			円
上記以外の売上先の計（雑収入を含む）			
		計	

○仕入金額の明細

仕入先名	所在地	登録番号（法人番号）(※)	仕入金額
			円
上記以外の仕入先の計			
		計	

◎本年中における特殊事情

○減価償却費の計算

減価償却資産の名称等(繰延資産を含む)	面積又は数量	取得年月	㋑取得価額(償却保証額)	㋺償却の基礎になる金額	償却方法	耐用年数	㋩償却率又は改定償却率	㋥本年中の償却期間	㋭本年分の普通償却費(㋺×㋩×㋥)	㋬割増(特別)償却費	㋣本年分の償却費合計(㋭+㋬)	㋠事業専用割合	㋷本年分の必要経費算入額(㋣×㋠)	㋦未償却残高(期末残高)	摘要
		年 月 ・	円 (　　)	円		年		月 /12	円	円	円	%	円	円	
		・	(　　)					/12							
		・	(　　)					/12							
		・	(　　)					/12							
		・	(　　)					/12							
		・	(　　)					/12							
		・	(　　)					/12							
計															

(注)　平成19年4月1日以後に取得した減価償却資産について定率法を採用する場合にのみ㋑欄のカッコ内に償却保証額を記入します。

○利子割引料の内訳（金融機関を除く）

支払先の住所・氏名	期末現在の借入金等の金額	本年中の利子割引料	左のうち必要経費算入額
	円	円	円

○税理士・弁護士等の報酬・料金の内訳

支払先の住所・氏名	本年中の報酬等の金額	左のうち必要経費算入額	所得税及び復興特別所得税の源泉徴収税額
	円	円	円

－3－

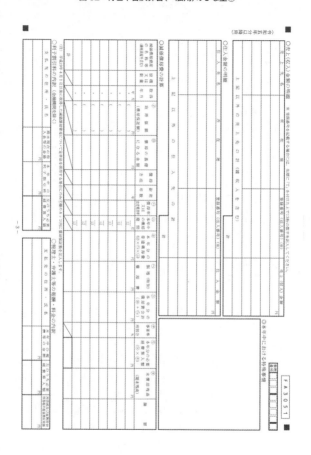

図 53：青色申告決算書（一般用）のひな型④

(令和五年分以降用)

◉ 65万円又は55万円の青色申告特別控除を受ける人は必ず記入してください。それ以外の人でも分かる箇所はできるだけ記入してください。

貸借対照表 （資産負債調）

(令和　年　月　日現在)

資産の部			負債・資本の部		
科目	月 日（期首）	月 日（期末）	科目	月 日（期首）	月 日（期末）
現金	円	円	支払手形	円	円
当座預金			買掛金		
定期預金			借入金		
その他の預金			未払金		
受取手形			前受金		
売掛金			預り金		
有価証券					
棚卸資産					
前払金					
貸付金					
建物					
建物附属設備					
機械装置					
車両運搬具			貸倒引当金		
工具 器具 備品					
土地					
			事業主借		
			元入金		
事業主貸			青色申告特別控除前の所得金額		
合計			合計		

(注) 「元入金」は、「期首の資産の総額」から「期首の負債の総額」を差し引いて計算します。

－4－

整理番号

FA3076

製造原価の計算

(原価計算を行っていない人は、記入する必要はありません。)

科目			金額
原材料費	期首原材料棚卸高	①	円
	原材料仕入高	②	
	小計（①＋②）	③	
	期末原材料棚卸高	④	
	差引原材料費（③－④）	⑤	
労務費		⑥	
その他の製造経費	外注工賃	⑦	
	電力費	⑧	
	水道光熱費	⑨	
	修繕費	⑩	
	減価償却費	⑪	
		⑫	
		⑬	
		⑭	
		⑮	
		⑯	
		⑰	
		⑱	
		⑲	
	雑費	⑳	
	計	㉑	
総製造費（⑤＋⑥＋㉑）		㉒	
期首半製品・仕掛品棚卸高		㉓	
小計（㉒＋㉓）		㉔	
期末半製品・仕掛品棚卸高		㉕	
製品製造原価（㉔－㉕）		㉖	

(注) ㉖欄の金額は、1ページの「損益計算書」の③欄に移記してください。

120 「税務調査」はいつ来るのか？

個人事業をしていると、心配なのが「**税務調査**」でしょう。事業所得がある人や不動産所得がある人については、税務調査が実施される可能性があります。

税務調査とは、納税者が申告した内容に間違いがないかを確認するために実施されるもので、基本的に事業や不動産など、申告納税を行っている人に対して行われます。

サラリーマンの方で副業などを行っていると税務調査が心配な方も多いと思いますが、調査自体はそれほど頻繁に行われるわけではありません。事業規模や業種などによってその頻度は異なりますが、5～10年に1回あるかないかという感じです。もちろん、数年に1回ずつ調査が実施される人もいますが、それは稀なケースでしょう。

税務調査は、ある日突然、税務署員が自宅に来て、書類などの資料を調べ始める、ということはありません。おおむね数週間前に、事前に連絡が入ります。調査の場所、時間、対象となる税目、対象となる期間、調査に来る調査官などを打ち合わせ、約束したのち実施されます。場所については、事業を行っているところが多いです。

時間は通常の場合3日間程度、午前10時から午後4時まで。対象となる期間は、直近の申告3年分というケースが大半です。調査の具体的な進め方ですが、調査官が事業所に来ると最初に事業の内容についてインタビューをされます。

個人の経歴に加えて事業を行うに至った経緯や、事業内容、取引のおおまかな流れなどを聞かれます。その上で、資料をチェックしていくのですが、**基本となるのは帳簿や領収書・請求書など**です。

帳簿に記載している内容が正しいかどうかを、関係資料などと照らし合わせてチェックしていくのがオーソドックスな税務調査の進め方です。その中で調査官が疑問に思った事項について説明を求められるということが繰り返されます。

税務調査というと調査官の対応が気になるところですが、最近はかなりソフトなものになってきています。もちろん、収入を除外しているなど不正をしているような場合には、厳しい対応になるのは当たり前です。しかし、不正ではなく、単純なミスなどの場合、修正申告することは求められますが、どなられたりするようなことはありません。**帳簿がしっかりとできていれば、税務調査は怖くない**のです。

121 副業の申告についても税理士を利用すべきか？

税理士の仕事は、税務代理、税務書類作成、税務相談となっており、株式会社のような法人の場合は、そのほとんどが税理士に仕事を依頼しているようです。法人が行う法人税の申告については、本書で説明している所得税に比べ複雑で、書類も多いことから専門家に任せるケースが多いのです。

では、本章で説明している副業の申告については、税理士を利用したほうが良いのでしょうか。

結論から言うと、**副業の規模による**と思います。たとえば副業の規模が年間収入で100万円程度であれば、税理士に依頼する必要性は低くなります。

これが年間1000万円を超えるような収入であれば、経費も多くかかり、その内容についても税務的に検討をしたほうが良いことも増えるでしょう。

また、収入金額が1000万円を超えると、個人の所得税の他に消費税の申告も必要になります。こうなると、税理士のアドバイスや申告自体を依頼することも考えたほうが良いと思います。

あと、税理士を利用する時に気になるのが料金です。税理士事務所は大規模事務所から個人まで規模は様々ですが、料金についてもその事務所によって異なります。

もちろん、依頼する内容によっても料金は変わってきます。たとえば、税務相談から帳簿作成、申告まで依頼するとなると金額は高くなります。

個人の副業でお勧めの税理士の利用方法は、記帳や申告などは自分で行い、不明なことがあった時に税理士に相談するというやり方です。

多少の相談料はかかっても、税理士のアドバイスにより節税をすることができたり、無駄な税金を支払わなくてもよくなる場面は数多くあるはずです。

ご自分の副業の内容などを踏まえて、上手に税理士を利用してください。

図54：加算税

（加算税）	
（1）過少申告加算税 増額した税額×10% ※1　追徴課税と50万円とのいずれか多い金額を超える部分　15%	期限内に申告書を提出してもその税額が少なく修正申告の提出、更正があった場合課せられる税金。ただし、税務署長が調査する前に納税者が自主的に申告した時はかかりません。
（2）無申告加算税 納付税額×15% ※2　納付額のうち、50万円を越える部分：20%	申告の期限を過ぎたり、申告書を提出しなかった場合、課される税金。 ただし、税務署長が調査する前に納税者が自主的に期限後申告を行った場合は納付税額×5%
（3）不納付加算税 納付税額×10%	源泉徴収税額を納期限に納めなかった場合にかかる税金。 ただし、税務署長が調査する前に納税者が自主的に期限後申告を行った場合は納付税額×5%
（4）重加算税 ①仮装・隠蔽による過少申告した場合 ②仮装・隠蔽による期限後申告、無申告 ③仮装・隠蔽による源泉徴収税額を納期限に納めなかった場合	悪質な仮装・隠蔽により税金逃れをした場合上記(1)(2)(3)に代えて課される税金。 ①増額した税額×35% ②納付税額×40% ③納付税額×35%

Column

追加税金は重い？　軽い？

税金は納付期限があり、その期限内に支払えば特に問題になることはありません。

問題が起こるのは、期限後に税金を納めるような事態に陥った時です。その場合、期限内に納めた人と不公平にならないよう、追加の税金を負担してもらうことになっています。

たとえば、そもそも申告書の提出がなかった場合は、無申告加算税として納付税額の15％を追加で支払ってもらうことになります。

一番、負担が大きな追加の税金としては重加算税があります。これは、不当に税額を少なくしようと偽ったり、隠したりしていた場合に課税されます。

基本は支払うべき税金の35％、無申告であれば40％と高い税率で課税されます。

税金は期限内に支払うべき金額を支払うのが一番の節税になるといえそうです。

詳しい内容は326ページ図55の延滞税を参考にしてください。

図55：延滞税

（延滞税）

① 税金の一部又は全部を
法定期限までに納付していない時。

② 期限後申告書もしくは修正申告書を提出し、又は更正もしくは決定を受けた場合に、納付すべき税額がある時かかる税金で、納期限から全部納付された日までの利息に相当する延滞税が課せられ、その額の計算の基準となる税額に併せて納付しなければなりません。

未納税額×年14.6%×法定期限の
翌日から完納までの日数/365

納期限の翌日から２月を経過する日までは、年「7.3%」と「特例基準割合（※）+1%」のいずれか低い割合、納期限の翌日から２月を経過した日以後は、年「14.6%」と「特例基準割合+7.3%」のいずれか低い割合となります。

※特例基準割合とは一定の期間の銀行の貸出金利平均として
財務大臣が告示する割合に、年1%を加算した場合をいいます。

8章

これで安心！
税金を賢くおさえる
相続と贈与の知恵

122 お年玉にも税金がかかるのか？

日常生活の中で、お金をもらったという経験は誰でもあることでしょう。たとえば、お年玉。子供の頃は毎年楽しみで仕方がなかったものだと思います。

さて、このお年玉ですが、何か働いて得たものではなく、慣習的なもの、または愛情表現の一つとして、私たちは受け取っているはずです。

しかし、税金の世界では、そうした所得などと異なる金銭の受け取り（＝贈与）もすべて課税の対象となります。

では、お年玉に税金はかかるのでしょうか？　答えは、社会儀礼として一般的な金額である限り、税金の対象とはなりません。しかし、〝贈与〟に変わりはありませんので、**金額やもらい方によっては課税対象となる**こともあります。

お年玉だけで他に贈与対象となるものがない場合、110万円までは非課税となりますが、この金額をお年玉であげる、ということはありませんよね。よって、普通の額であれば税金を意識する必要はありません。

123 年間110万円までの贈与は非課税

「贈与税」は、贈与を受けた人に対して課税されます。その贈与を受けたことに対してかかるので、生活費、または社会慣習上以外のものについてはすべて課税されることになるのです。たとえば1年間でトータル100万円もらっても税金はかかりません。すべての贈与ということに対して税金をかけていたら、税務署も納税する人も大変なことになります。ですので、贈与税では暦年課税制度の「**基礎控除額**」を設けています。それは**年間110万円**です。やや中途半端な金額ですが、税法上そのように定められています。

前述のように年間100万円であれば、110万円を超えていませんので、結果として税金はかかりませんし、税金の申告も必要ありません。生活費やお年玉など社会慣習としてもらう財産は、この110万円からは除かれます。

ここでの110万円という数字は、それ以外の贈与に対しての非課税枠です。ですから、生活費をもらったなどの金額はここにはカウントしないで判断します。

124 親からの贈与1000万円の税金は?

前項で説明した通り、110万円の基礎控除額を超えた場合は、課税の対象となります。よってこのケースの場合、税金が課されます。

では、具体例で贈与税がどのようにかかるのかを見ていきましょう。

贈与税の金額は、次のように速算表(332ページ図56)に当てはめて計算します。仮に20歳未満の子供への贈与だとすると……

(1000万円 − 110万円(基礎控除額))× 40% − 125万円 = 231万円(贈与税)

贈与された金額から基礎控除額を差し引き、その金額に税率をかけて計算します。

この場合、金額としては231万円というかなり大きな贈与税が課税されることになります。

贈与税も所得税と同じく金額が大きくなると税率も大きくなる「超過累進課税制度」を採用しているため、**贈与の金額が大きくなると税額は非常に大きくなる**のです。

また、贈与税は平成27年分から税制改正がなされ、その累進課税が少し緩和されています。すなわち、直系尊属（親や祖父母など）からの贈与に対しては税率も低くなるように設定されています。

たとえば18歳以上の子供が親から1000万円をもらった場合の贈与税ですが、

（1000万円 − 110万円（基礎控除））× 30% − 90万円 ＝
177万円（贈与税）

となり、大幅に贈与税が少なくなります。

図56：贈与税の速算表

【平成27年1月1日～】

下記以外の通常の場合		
基礎控除及び配偶者控除後の課税価格	税率	控除額
200万円以下	10%	——
300万円以下	15%	10万円
400万円以下	20%	25万円
600万円以下	30%	65万円
1000万円以下	40%	125万円
1500万円以下	45%	175万円
3000万円以下	50%	250万円
3000万円超	55%	400万円
直系尊属→18歳以上の者の場合		
基礎控除及び配偶者控除後の課税価格	税率	控除額
200万円以下	10%	——
400万円以下	15%	10万円
600万円以下	20%	30万円
1000万円以下	30%	90万円
1500万円以下	40%	190万円
3000万円以下	45%	265万円
4500万円以下	50%	415万円
4500万円超	55%	640万円

125 忘れると恐ろしい「贈与税」の申告

「贈与税」は、1年間に贈与を受けた金額の総額に対して課税されます。

たとえば、ある人が父親から100万円、母親から100万円の贈与を受けた場合は、合計した200万円で税金を計算することになります。

一人から受けた贈与金額で計算するのではなく、あくまで、もらった人が1年間に受け取った総額で計算するのです。何人から贈与を受けようとも関係はないのです。

では基礎控除を超えた場合の申告はどうするのでしょうか。

贈与税は財産をもらった人が、その年の翌年2月1日から3月15日までに税務署長に贈与税の申告を行い、申告期限の3月15日までに原則として現金で納税をしなければなりません。所得税と贈与税は別の税金ですので、両方とも申告しなければならない人は、それぞれの申告書を3月15日までに提出することになります。

同じ日が期限なので、忘れる心配はないと思いますが、忘れてしまうと加算税、延滞税など重いペナルティがありますので注意しましょう。

126 贈与はわからないというのは本当か？

「現金で贈与すれば、税務署にばれない」

果たして、そんなことはあるのでしょうか。たしかに税務署は、国民一人ひとりのお金の出入りをすべて完璧に把握しているわけではありません。

ただ、贈与税の基礎控除は１１０万円という比較的大きな金額です。このような大きな金額の出し入れについては、どこかの時点でチェックされる可能性があります。

もっとも可能性が高いのは〝**相続が起きた時点**〟です。実は贈与税と相続税とは、補完関係がある税金です。生前でもらったものは「贈与税」、亡くなった時にもらったものは「相続税」です。相続税は１３６項から詳しくみていきますが、その申告をした場合には税務調査が入る可能性が非常に高いのです。調査時にお金の流れをチェックされることになりますが、金融機関の口座などの動きはこの時点でほぼ把握されます。その中で大きなお金の動きがあれば、たちどころに見つかってしまうのです。基礎控除などの仕組みをしっかり理解した上で申告はきちんと行いましょう。

127 住宅資金の贈与で非課税枠が広がる制度

税金の世界では、「居住用」と「配偶者」が優遇されています。税金の種類によって特例の内容は異なりますが、贈与税でもこれらに対する特例の措置があります。ここでは、〝居住用の特例〟について見ていきます。

特例の内容としては、**自分の「居住用」の家を新築したり、増改築をするために、父母や祖父母などの直系尊属から住宅取得等資金の贈与を受けた場合は、基礎控除額の金額の他に、贈与税の非課税枠が使えるという制度**です。

この制度は、「**租税特別措置法**」という期限が限られた法律によって定められているため、使える期間が決まっています。現在の制度は、令和5年12月（令和8年12月末まで延長見込み）までですが、その住宅の種類によって、非課税枠が異なります。

(1) 省エネ等住宅(※1)の場合

1000万円の非課税枠

(2)(1)以外の住宅の場合

500万円の非課税枠

これらの特例の適用を受ける場合は、贈与を受けた翌年の3月15日までに申告をしなければなりません。この他、次の要件を満たしている場合に適用されます。

贈与を受ける者の要件としては、(1)日本国内に住所を有すること、(2)贈与を受けた時に贈与者の直系卑属(子、孫など)であること、(3)贈与を受けた年の1月1日において18歳以上であること、(4)贈与を受けた年の合計所得金額2000万円以下であること。

また、対象となる家屋の要件としては、(1)家屋の床面積(区分所有の場合、その区分所有する部分の床面積)が40㎡以上240㎡以下(※2)、(2)購入する家屋が中古の場合、以下の要件を満たす必要があります。

①昭和57年1月1日以後に建築されたもの

②地震に対する安全性に係る基準に適合するものであることにつき、一定の書類により証明されたもの

③上記①および②のいずれにも該当しない住宅用の家屋で、その住宅用の家屋の取得の日までに同日以後その住宅用の家屋の耐震改修を行うことにつき、一定の申請書等に基づいて都道府県知事などに申請をし、かつ、贈与を受けた翌年3月15日までにその耐震改修によりその住宅用の家屋が耐震基準に適合することとなったことにつき一定の証明書等により証明がされたもの

（※1）「省エネ等住宅」とは、省エネ等基準に適合する住宅用の家屋。

（※2）受贈者の合計金額が1000万円以下の場合は、40㎡に条件が緩和されます。

すべての要件を満たしたうえで節税をしつつ、効果的な贈与をしましょう。

128 夫婦の〝愛の証〟は2000万円まで

現行の贈与税の税率はかなり高く設定されています。仮に、基礎控除後の金額が1000万円を超える贈与をした場合に税率45％で課税されるというのは、贈与自体をやめる理由としては十分です。そのような高税率の贈与税でも、「居住用」と「配偶者」に関しては特例があります。

その中でも、「夫婦間で居住用財産を贈与した時の配偶者控除」というものは、ぜひ知っておいていただきたい制度です。

婚姻期間が20年以上の夫婦の間で、居住用不動産または居住用不動産を取得するための金銭の贈与が行われた場合、基礎控除110万円の他に最高2000万円まで控除（配偶者控除）できるというものです。ですから、この特例を利用する年には、基礎控除と合わせて2110万円の贈与が無税でできることになるのです。

この特例の適用を受けるための要件としては、

（1）夫婦の婚姻期間が20年を過ぎた後に贈与が行われていること
（2）配偶者から贈与された財産が、自分が住むための国内の居住用不動産であること、または居住用不動産を取得するための金銭であること
（3）贈与を受けた年の翌年3月15日までに、贈与により取得した国内の居住用不動産又は贈与を受けた金銭で取得した国内の居住用不動産に、贈与を受けた者が住んでおり、その後も引き続き住む見込みであること

ただし配偶者控除は、同じ配偶者からの贈与については一生に一度しか使うことができません。仮に夫から妻への贈与とすると、これは長年連れ添った妻への愛の証ともいえますが、税金の世界では、贈与はそのまま相続につながるということも忘れてはいけません。平均余命が長い妻へ居住用財産を贈与したとすると、夫が亡くなり、相続が発生した時には居住用財産がない分だけ相続税の減額が期待できます。

この制度は妻にとって評判が良い制度です。単に税額がうんぬんというばかりではなく、夫婦円満のための施策として考えるのも良いと個人的には思っています。

129 この制度で生前にまとまった額の贈与ができる

贈与する財産の金額がそれほど大きくなくても、贈与税はかなりの負担です。前項目の配偶者控除を利用したとしても、それは居住用住宅についてで、しかも一生に一度という制限があります。基礎控除額の110万円という金額では、大きな財産を移すことは基本的に不可能だといえます。ある人が保有している財産を生前に移動させることが、税負担のためにできないというのは、社会全体にとって、あまり良いことではありません。不動産や現金など、高齢者が保有し続けることで、その利用が停滞してしまい、景気に悪影響が出るとも考えられるからです。

そこで、ある程度まとまった金額の財産を生前に子供に贈与しやすくするために考えられたのが「**相続時精算課税制度**」です。

贈与税は相続税を補完するための税金ですが、相続時精算課税制度は高税率の贈与税を課すのではなく、相続税の前払いとして**一定の金額を概算で負担させておき、相続が発生した時点でそれを精算するという方法**をとっています。

図 57：相続時精算課税制度の概要

区分	相続時精算課税制度
贈与者の年齢	60 歳以上の親から
受贈者の年齢	18 歳以上の子または孫
選　　択	必要(父母ごとに選択) 一度選択すれば相続時まで継続
基礎控除	特別控除：2,500万円(累積)
贈与税率	20%(一律)
相　続　時	相続時精算課税適用後の贈与財産を 贈与時の時価で合算
精　　算	相続税額から適用後納付した 贈与税額を控除(還付あり)

そのため基礎控除額は2500万円というまとまった金額にし、それを超える場合はその超えた金額の20%を前払いとしての贈与税として払うことにしているのです。

相続税については、136項以降で見ていきますが、相続税の基礎控除額は、3000万円+600万円×法定相続人の数という金額ですので、明らかに相続税のほうが負担は軽くなっています。

その贈与税に比べて軽い負担の相続税の税率を適用させる上で、相続時精算課税制度は最適なものだといえるのです。

130 失敗しない「相続時精算課税制度」の使い方

前項で説明した「相続時精算課税制度」ですが、この制度を利用するには、いくつかの注意点があります。

一度選択すると後戻りできない制度であること

この相続時精算課税制度を利用すると、従来の基礎控除110万円の一般贈与制度で贈与することはできません。一度選択すると、その人からの贈与に関しては、その後すべて相続時精算課税制度で計算されることになります。

適用する最初の年には必ず届出書を提出すること

この相続時精算課税制度は選択制なので、所轄税務署長に適用初年度の申告期限までに、〝相続時精算課税選択届出書〟を一定の添付書類と一緒に提出しなければなりません。贈与税がゼロであっても、贈与税の申告書も提出しなければなりません。

さらに使い勝手が良くなる相続時精算課税制度

令和6年1月1日より、相続時精算課税制度に年間110万円の基礎控除が創設されます。この制度では累計2500万円（特別控除）まで贈与税がかかりませんが、今回の改正により特別控除とは別に年間110万円まで基礎控除が認められます。そのため、年間110万円以下の贈与であれば贈与税がかからず、かつ、累計2500万円の特別控除に含める必要がありません。

さらに年間110万円以下の贈与については申告も不要となります。間違いやすいのは、この110万円の基礎控除は暦年課税のそれとは違うものだということです。具体的には、暦年課税での生前贈与は相続前7年以内については相続財産とされるのに対して、相続時精算課税の110万円の基礎控除は対象外となります。今後、相続時精算課税を利用した税金対策が増えると予想されます。

2500万円という金額は〝累積〟であるということ

基礎控除額が2500万円というのは、〝**累積の金額**〟です。つまり昨年2000万円贈与を受け、今年500万円の贈与を受けた場合、基礎控除額の余裕はなくなり、次の年の贈与分からは20％の税率で課税されてしまいます。

一般贈与の110万円の基礎控除は、1年ごとの金額なので、取り扱いがまったく異なります。

必ずしも相続税対策にならない制度であること

相続税対策として贈与という方法を使うことは一般的ですが、こと「相続時精算課税制度」では必ずしも「税金」対策になるとはいえません。

相続時精算課税制度の場合、贈与した財産は贈与された人のものにはなりますが、相続税の計算をする際には贈与した人の財産として計算をするため、生前贈与をしてもしなくても最終的な結果は同じなのです。相続時精算課税制度は〝**争族**〟**対策であって、必ずしも相続〝税〟対策とはなりません。**

将来、相続が起きた時に、争いがないように生前に財産の分配をこの制度を利用して行うということが、この制度を利用する上でもっとも効果が期待できるところなのです。

131 もめずに生前贈与するための制度

前述したように、税金対策としては、使われる機会の少ない相続時精算課税制度ですが、生前にまとまった財産を贈与することができるということを利用して、他にもこんな使い方が考えられます。

相続が起きると兄弟間でもめそうなケース

財産額が多い少ないに関係なく、遺産争いが起きる可能性はあります。たとえば財産の大部分が土地の場合、それを各相続人に納得させた上で分けることは、なかなか難しいものです。そのような場合、効果的なのは生前に分け方をある程度決めてしまい、その分け方に基づいて贈与するという方法です。そういう時こそ相続時精算課税制度が効果を発揮するのです。

子供に早いうちから財産を与えるようなケース

たとえば、子供がサラリーマンでマイホームを建てた場合には、かなりの借金を背負うことになります。一方、親がまとまったお金を持っていて、日常生活に何の支障もないようなケースの場合、親からの生前贈与をお金で行い、その贈与されたお金で住宅ローン返済を行ったとすると、子供は無駄な金利を金融機関に支払わなくて良くなります。親子一体でみれば、金利の節約が可能となります。

〝収益力の贈与〟を行うケース

たとえば財産に賃貸用不動産を持っているような方が、この方法を使えます。

このケースでは子供に物件を贈与することにより、その後入金される賃貸料を、そっくり子供のものとすることができます。これを〝**収益力の贈与**〟といいます。この場合、相続税対策となりますし、親子で所得を分散することによって、結果として所得税の節税になります。

税金対策になるケース

この制度を利用しても、相続税の対策としてはそれほど期待できませんが、やりようによっては税金対策になるものもあります。たとえば将来的に価値が上がりそうなものを、現在の低い評価のうちに贈与する場合です。

その財産が将来的に値上がりをしたとしても、相続時の評価額は贈与時の価格のままなので、結果として相続税の節税になります。

132 注意して使えば節税につながる〝連年贈与〟

相続税の対策として、生前贈与（一般贈与）は有効なものの一つです。生前に財産のうちの一部でも、先に子供に移動させることによって最終的な相続税の税額を抑えることが期待できます。

具体的なやり方としては、**毎年贈与する方法**が考えられます。

最初に自分の財産総額と負債総額、その差額である純資産額の把握から始めます。純資産額が把握できると、法定相続による相続税の概算金額を計算します。そうすると純資産額に対する税金がどの程度の率で課されるかがわかるはずです。

生前贈与は、この試算した相続税の実効税率より低い贈与税率で財産を毎年贈与することで、相続税と贈与税トータルの税金で節税を行うという考え方です。

ただし、生前贈与を行う上で注意しなければならないことがいくつかあります。

贈与したことを表す書類の整備

〝贈与〟は書面にすることで、確実なものになります。口頭だけの約束、お金の移動だけでは、本当に贈与があったのかもわかりません。〝贈与証書〟など、書面で贈与の事実があったことを証明できるものを残しておく必要があります。

贈与のお金の流れは明確に

特に現金で贈与する場合は、金融機関の振込などを利用して贈与すると良いでしょう。振込という方法をとることによって、贈与の跡を残しておく工夫も必要なのです。

毎年同じ日、同じ金額を贈与しない

毎年、同じ日、同じ金額を贈与したとすると、最初から毎年の贈与額×年数分を贈与するつもりだったと疑われかねません。

税務署から余計な疑いを持たれないようにするためにも、この方法での贈与は避けたほうが良いでしょう。

贈与された人に贈与の事実をきちんと知らせる

よくあるケースで、子供に内緒で贈与している場合があります。これでは、そもそも贈与になりません。必ず贈与した事実がわかるようにしておいてください。

亡くなる前に贈与した財産は相続税の対象となる

相続開始前、3年以内の贈与については、贈与がなかったものとされ、贈与された財産は相続税の対象として計算されるという内容でした。

しかし、令和5年度税制改正ではこの加算期間をさらに4年延長して7年まで相続財産とするという改正が行われたのです。

ただし、この取り扱いは令和6年1月1日以後の贈与から適用され、加算する期間についてもいきなり7年とするのではなく、令和6年の贈与分から加算期間が徐々に延長され、最終的には相続から7年前までの贈与が相続税の対象となります。（352ページ図58参照）

133 税制改正に対応した賢い贈与とは

前項目で説明した通り、税制改正があったため、相続開始（亡くなった）日から7年以内に受けた贈与については、それを相続財産に加算することになりました。いきなり7年になるのではなく、段階的に期間が延長され、実際の税金計算に影響するのは、令和10年の相続分からといわれています。

従来、相続税の節税策の王道といわれている生前贈与は今回の改正でやり方を少し見直さなければならないでしょう。 7年前より過去に贈与しなければならないため、本人が若いうちに〝早く〟贈与しなければなりません。

しかし、人間の寿命を正確に予想することは、だれにもできないため常に不安があります。そのため、今までの考え方を変えて、贈与する相手を相続財産に加算されない人にするというのも考えられます。

それは、〝**孫**〟です。実は、この贈与の取り戻し計算の対象となるのは、法定相続人になります。もし、子供がいれば孫は法定相続人にはなりません。そのことを考えると、生前贈与を使って節税を考えるとするのであれば、子供ではなく孫に対して実施するべきなのです。

しかし、もし、孫がいなければどうでしょう。

その場合は、**相続時精算課税制度を利用するというのも一つの解決策**だと思われます。すでに説明したように、今回の改正では相続時精算課税も使い勝手が良くなっているのです。この相続時精算課税を利用した贈与については、年間110万円の贈与が非課税の取り扱いとなっており、しかも相続時精算課税の累計2500万円の特別控除に含める必要がなく、110万円以下あれば申告の必要もありません。

暦年贈与の制度では、亡くなる7年前の贈与が相続財産として計算に含まれますが、相続時精算課税の110万円ではこの加算はされないのです。

相続時精算課税の適用について具体的な取扱いは項目130を参照していただければわかりますが、手続き自体もかなり簡便化され、使いやすくなっています。

この取り扱いは、令和6年1月1日以後に適用されることになりますが、従来の相続税対策としての生前贈与のやり方は、この税制改正を機に見直す必要があるでしょう。

図58：贈与の年と加算期間

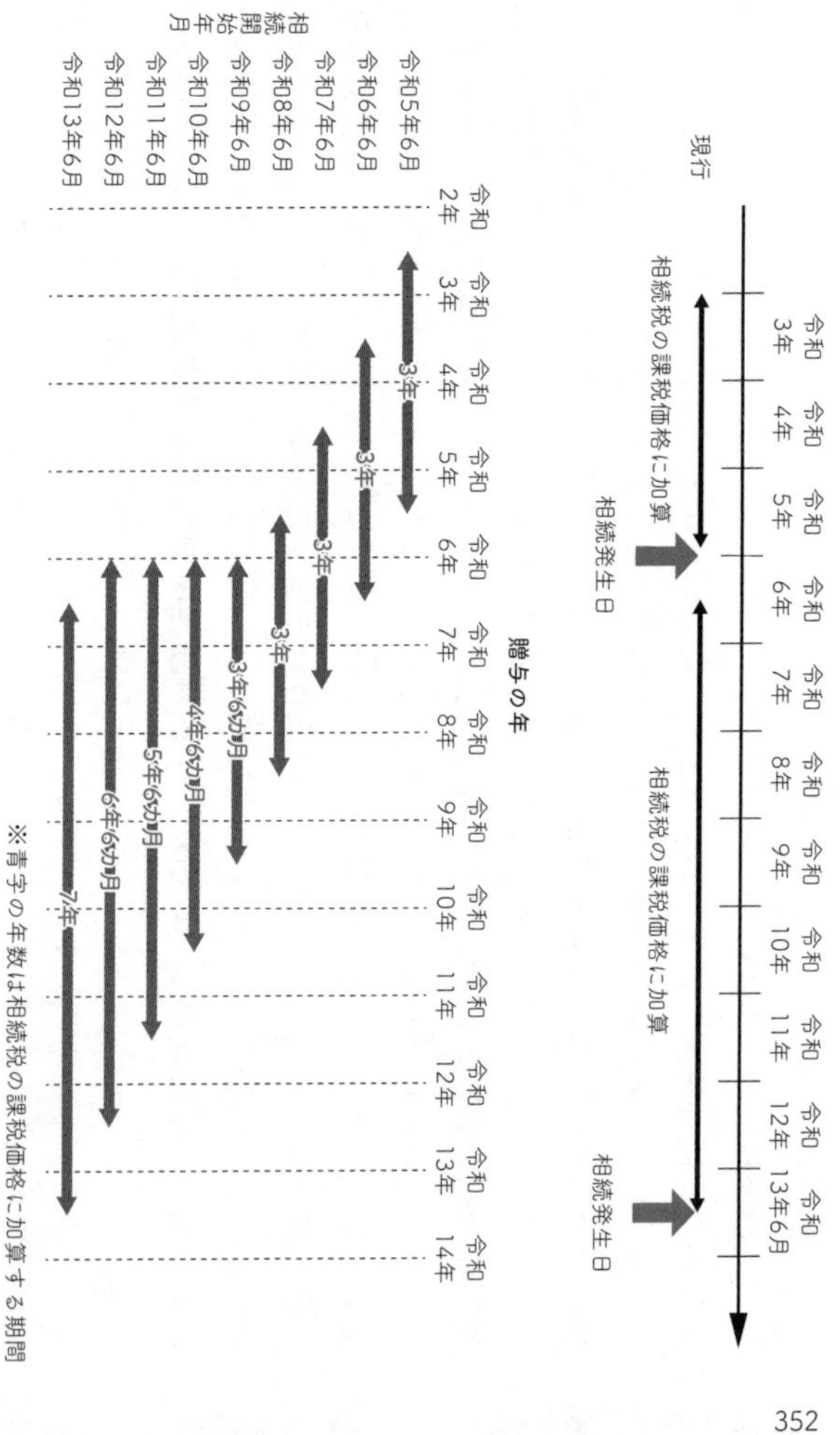

134 教育資金と子育て資金の贈与の謎

最近、信託銀行などの金融機関から「贈与」を勧められる人が多くなってきました。各種マスコミにも取り上げられている〝教育資金〟贈与と〝子育て資金〟贈与ですが、正確にその制度を理解している人は多くありません。

ある一定額を贈与すると贈与税という税金の対象となります。ただし、贈与税には非課税とされるものも多く、一般に家計が同じ家族間での生活費は贈与税の対象とはなりません。

しかし、生活費以外の贈与は家族間であっても税の対象となります。123項でご紹介した非課税枠の年間110万円はあるとしても、それ以上の金額を贈与しようとすれば税金を負担しなければならないのです。

また、現代の日本においてお金を持っているのはシルバー世代。その方々にお金を使ってもらうことで景気を良くしたい、という国の政策的な考え方も見え隠れしています。そのために考え出されたのが、これらの制度ともいえそうです。

これらはいわゆるシルバー世代でお金を持っている人が、自分の孫などにまとまった資金を贈与するための制度なのです。

どちらの贈与も、次の図59にある通りの目的で支出された場合には、教育資金については1500万円、子育て資金については1000万円まで税負担がかからないというものです。

ただし、信託等をする前年の受贈者の合計所得金額が1000万円を超える場合には、この特例を受けることはできません。

しかし、この制度は最初に信託銀行などの金融機関にまとめて資金を信託しなければなりません。信託するということは、管理もすべて金融機関となり、実際に贈与した人が申告などの手続きをする必要はないのです。

まとまった資金を持っていて、孫の教育や子育てのために使ってほしいと思うのであれば、これらの制度を利用するのもいいかもしれません。

図 59：教育資金、子育て資金、贈与制度の内容

	教育資金贈与	結婚・子育て資金贈与
受贈者	子・孫など（30歳未満）	子・孫など（20歳以上50歳未満）
非課税限度額	1,500万円	1,000万円
対象となる支出	学校の入学金・授業料	結婚関連の費用（300万円まで）・新居の家賃（300万円まで）
	修学旅行費・学校給食費・学校指定制服代	
	スポーツ・音楽・絵画など習い事の月謝（500万円限度）（注1）	出産費用・不妊治療費用
	留学渡航費、進学引っ越し代、定期券代	子供の治療費・ベビーシッター代・保育費用
対象とならない支出	賭博・遊興・娯楽などに関する支出	新居の家具・家電、ベビー用品
	奨学金の返還金	
終了時	受贈者が30歳に達した時	受贈者が50歳に達した時
終了時の課税	終了の日に贈与があったものとして贈与税を課税	終了の日に贈与があったものとして贈与税を課税
期限	令和8年3月末	令和7年3月末
手続き	信託銀行などと信託契約を締結	信託銀行などと信託契約を締結

（注1）原則として、23歳未満に支払われるものに限られます。

135 財産分与の一つ、〝慰謝料〟は無税？

結婚という人生の中でも大きなイベントがあると、所得税では配偶者控除など、税務上の取り扱いにも変化が出ます。そして、同様に、離婚した場合も税務上に変化が出てきます。できれば離婚はしないほうがいいと思いますが、人生は何が起こるかわかりません。離婚した場合の税金も知っておくと良いでしょう。

たとえば専業主婦の妻と離婚する場合、離婚した年の所得税から配偶者控除38万円が適用されなくなります。これはサラリーマンであれば、その年の年末調整の際に調整されることになります。つまり、所得税が多く取られることになります。

しかし、最大の問題は、〝**慰謝料**〟です。「慰謝料をもらった人に対して課税されるのか？」という疑問が出てきます。

結論から言うと、**慰謝料には税金がかかることは原則ありません**。また、慰謝料を支払った人についても、税務上何の控除もありません。もらったほうに税金はかからないし、支払ったほうに税金の控除はないという取り扱いが原則なのです。

離婚の場合、〝慰謝料〟という名目であっても、その大半は「財産分与」であることが多いのです。財産分与については、もともと配偶者のものであったものをきちんと分ける、という意味合いが強くあります。たまたま一方のものの名義となっていることが多く、それは各人の財産が合わさったもの、さらに結婚生活の中でお互いの協力の上に築いたものが混ざっていると考えられます。それを元の形に戻すだけであるなら、もらったほうは何も得をしていないですし、支払ったほうも損をしていないことになります。つまり、元の形に戻すだけという解釈です。

離婚の際の慰謝料と似たものに、**〝交通事故による慰謝料〟**がありますが、これも受け取ったほうに税金が課されることはありません。税金の世界では、**心身に加えられた損害について支払いを受ける慰謝料については〝非課税〟**という規定があるのです。

ただし、慰謝料が課税の対象とならないのは、あくまで社会通念上認められる範囲までです。その金額があまりに大きい場合は、課税される可能性もあります。たとえば結婚生活1年で5億円の慰謝料となると、一般庶民からすると違和感があるはず。

どこまでが社会通念上の範囲かという問題は、非常に難しいものがあります。一般人が違和感を持つ場合は、やはり社会通念上から外れているといえそうです。

136 知っておきたい！ 相続手続きの流れ

ここでは、相続〝税〟の説明をする前に、相続の手続きの流れとその期限について見ていきます。

1．相続開始（被相続人の死亡） この日から相続が開始されます。

2．死亡届の提出（死亡から7日以内） 亡くなった人の本籍地や死亡地、届出人の住所地の市町村役場に死亡診断書など、一定の書類とともに届け出ます。

3．遺言書の有無の確認 公正証書遺言・秘密証書遺言がある場合は、公証役場の検索システムで調査できます。自筆証書遺言・秘密証書遺言は、家庭裁判所で検認を受けます。

4．相続財産・債務の調査 不動産・預金などの財産だけでなく、借金などの債務、保証債務についても調査をする必要があります。

5．相続人の確認 戸籍や住民票を取り寄せて、相続人とその住所を調べます。

6．相続放棄・限定承認（〈注〉相続開始から3カ月以内） 相続財産よりも債務のほうが多くなる場合は、相続放棄・限定承認も検討します。期限内に家庭裁判所に届け出ます。

7. 所得税の申告と納付（相続開始から4カ月以内）個人事業者や年金受給者などの場合に必要です。通常の申告期限の3月15日ではないので、注意が必要です。

8. 遺産分割協議　遺産の評価額を算定します。その後、遺言書がない場合は、相続人全員で遺産の分配方法を決めます。

9. 相続税の申告と納付（相続開始から10カ月以内）遺産が相続税の課税対象になる場合は、被相続人の最後の住所地の税務署に申告・納税します。

10. 不動産の相続登記　不動産所在地の法務局に申請します。

このように相続が発生した場合は、様々な手続きが必要になります。基本的にこれらの事務は、相続人である配偶者や子供が行うことになりますが、一部専門家に依頼することも可能です。税金に関することは税理士、登記に関することは司法書士、書類作成などは行政書士、法律の相談などは弁護士という専門家が対応します。

（注）相続開始の日とは、相続を知った日。通常、死亡した日から知ることになるので、死亡した日が相続開始日となる。

137 相続人の範囲は？

相続人の範囲や法定相続分は、民法で次の通り定められています。

相続人の範囲　死亡した人の配偶者は、常に相続人となります。配偶者以外の人は、次の順序で配偶者とともに相続人になります。

第1順位　死亡した人の子供　その子供がすでに死亡している時は、その子供の直系卑属（子供や孫など）が相続人となります。

第2順位　死亡した人の直系尊属（父母や祖父母など）　第2順位の人は、第1順位の人がいない時に相続人になります。

第3順位　死亡した人の兄弟姉妹　その兄弟姉妹がすでに死亡している時は、その人の子供が相続人となります。第3順位の人は、第1順位の人も第2順位の人もいない時に相続人になります。なお、民法で相続人とされる人であっても相続を放棄した人は、初めから相続人でなかったものとされます。

法定相続分　誰が相続人かがわかれば、次は遺産の分け方を決めることになります。どのように分けるかは、相続人の話し合いにより決めることになります。その方法の一つの目安として、民法の規定によって分ける方法があります。この分け方は、この後に出てくる相続税の計算にも使用します。その際の定められた相続分を「法定相続分」といいます。それは次の通りです。

①配偶者と子供が相続人である場合 配偶者2分の1、子供（2人以上の時は全員で）2分の1

②配偶者と直系尊属が相続人である場合 配偶者3分の2、直系尊属（2人以上の時は全員で）3分の1

③配偶者と兄弟姉妹が相続人である場合 配偶者4分の3、兄弟姉妹（2人以上の時は全員で）4分の1

実際の相続では、法定相続人以外の人に財産を贈るケース（＝遺贈）や、法定相続分の割合にかかわらず分け方を決めるケースも数多くあります。また、遺言があれば、それに従うことになります。

以前は非嫡出子の法定相続分は、この法定相続分のさらに2分の1とされていましたが、これも最高裁で違憲判決が出た後、民法が改正され嫡出子と同じになりました。

138 どうする？　遺言に納得できない！

遺言があった場合、遺産分けは、この遺言に指定されている分け方に従うことになります。死亡した人は、自分の財産の分け方を自由に指定することができるのです。

ただし、その遺言の内容について納得できない相続人がいた場合には一定の救済措置が設けられています。それを「**遺留分**」といいます。この遺留分は、その人が相続するはずだった法定相続分の2分の1と民法では定められています。遺言があった場合、その遺言の内容に相続人全員が従えばその通りの分け方になりますが、納得いかない場合は「**遺留分減殺請求**」をすることによって法定相続分の2分の1の相続を受けることができるのです。また、遺言のやり方ですが、基本的に3種類あります。

自分でその内容を書く「**自筆証書遺言**」。公証人という第三者に証明してもらう「**公正証書遺言**」。その内容を明かさず残す「**秘密証書遺言**」です。

それぞれ特徴があり、使い勝手は一長一短があります。どれも効力は同じですが、遺言にはトラブルがつきもののため、できれば公正証書遺言が望ましいとされます。

139 遺言がない場合はどうする？

遺言を残している人はそれほど多くないため、実際の遺産分けは相続人の間の話し合いで決まるケースが多くなります。相続人の間の話し合いを遺産分割協議といい、その結論を書面にしたものを「**遺産分割協議書**」といいます。この遺産分割協議書は、相続人全員の同意が必要となり、**〝全員の自署〟と印鑑証明書に登録されている〝実印〟を押印**します。遺産分割協議は全員の同意が必要なので、場合によっては話がまとまらないこともあります。反対に遺言があっても、分割協議で全員が違う分割の方法で同意した場合は、その同意した内容での分割となります。分割協議は、特に期限の指定があるわけではありませんが、**相続税の申告・納税期限は、相続を知った日の翌日から10カ月以内**とされています。相続税の計算は、法定相続に基づいて行われるため分割がどうなろうと、相続税の総額はほぼ確定します。しかし、各人の相続税負担額は分割された遺産金額によって異なります。結論としては、相続税を確定させるためにも10カ月以内に協議をまとめることが望ましいのです。

140 相続税はいくらもらったらかかるのか？

多くの税金に基礎控除額が設けられているように、相続税にも基礎控除額があり、純資産額がその額に達しない時には、税金もかからず、申告も不要となります。

相続税の基礎控除額は、平成26年までは定額控除5000万円、法定相続人比例控除が一人当たり1000万円でしたが、平成27年からこれらの金額は6割まで減額されてしまいました。相続税が増税されたのです。

たとえば妻と子供2名の場合、改正前は5000万円＋1000万円×3名＝8000万円まではかかりませんでしたが、**現在は3000万円＋600万円×3名＝4800万円を超えると相続税がかかる**ことになるのです（次ページ図60）。

改正前は相続税を課税される人が総死亡者数に対し4％程度でしたが、改正後は課税される人が確実に増えているということです。

図60：相続税の基礎控除額

基礎控除	平成26年 12月31日まで	平成27年 1月1日から
定額控除	5,000万円	3,000万円
法定相続人比例控除	1,000万円 × 法定相続人の人数	600万円 × 法定相続人の人数

たとえば相続人が配偶者と子供２人の場合

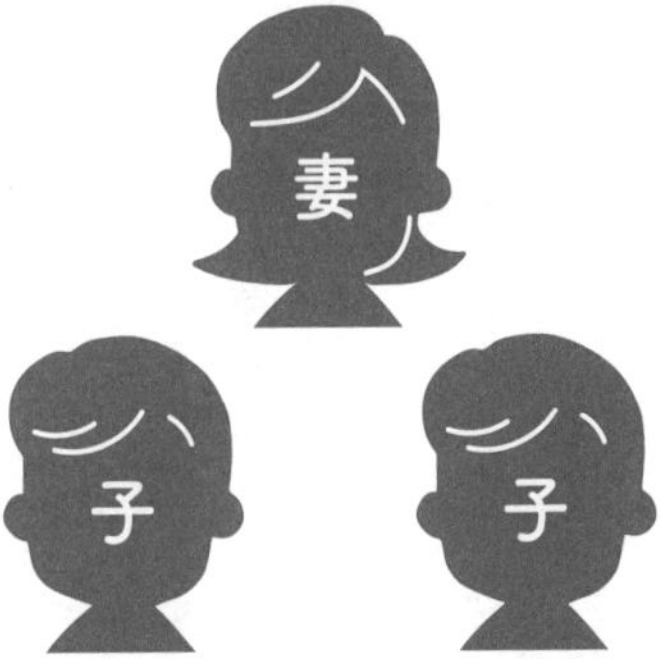

改正前　5,000万円＋1,000万円 × 3名
＝8,000万円まで相続税発生せず。

改正後　3,000万円＋600万円 × 3名
＝4,800万円を超えると相続税発生！

141 知っておけば役立つ！　相続税の計算方法

相続税の計算方法は、少々複雑です。次の順序で計算していきます。

1．純資産額を計算

純資産額＝総財産　－（非課税財産＋債務総額＋債務控除の対象となる葬式費用）

2．課税価格の計算

課税価格＝純資産額　＋　相続開始前3年以内の贈与財産

3．課税される遺産額

課税される遺産額　＝　課税価格　－　基礎控除額

4．相続税総額の計算

課税される遺産額を法定相続で分割されたものとして、相続税総額を計算

5．各人の相続税額の計算

相続税額＝相続税総額を実際の遺産相続の割合で配分　－　税額控除

このように遺産額を法定相続で相続したものとみなし、相続税の総額を計算してから、その遺産額の割合に応じて税額を按分して計算します。そのため、遺産分割協議でどのような分け方をしても、相続税の総額は大きく変わらないことになります。

142 申告漏れがわかったらどうなるのか？

所得税を代表とする申告課税制度をとっている税金に共通していえることですが、無申告がばれないということはありません。

この章で説明している相続税についても、申告しないと税務署から指摘される可能性が非常に高いといえます。

大きな理由としては、**不動産の存在**があります。相続があった場合、不動産がある時はその名義を変更する登記をすることになります。

不動産の登記がなされると、その変更情報が自動的に税務署に送られる仕組みになっているため、不動産がある相続の場合は間違いなくわかってしまいます。

次に金融機関の口座に入っているお金についても、口座の動きはすべてガラス張りであると考えてください。

自動的に情報がいくわけではありませんが、税務署の調査官が不審に思ったら金融機関の口座はすぐにチェックされてしまうのです。

また、所得税とのかかわりでいうと、相続税の納税が発生する人は基本的に生前も所得金額はかなり高い人が多いため、毎年の所得税確定申告でチェックされています。

特に所得金額2000万円超の人でその年の12月31日において、その価額の合計額が3億円以上の財産またはその価額の合計額が1億円以上の一定の国外財産を保有している人は、申告の対象となる年の12月31日現在の自分が持つ財産と債務の内容と金額を記載した（注）「**財産債務調書**」（370ページ図61）を提出しなければなりません。

この財産債務調書の記載内容から、その人が相続税の申告の対象者となるかどうかも判断していると考えられます。

さらに、外国に5000万円超の財産を保有している人に対して、その保有している財産の状況について報告させる「**国外財産調書**」（371ページ図62）の提出が義務づけられました。

他の申告が必要な税金にもいえることですが、申告の必要がある人は期限内に申告をし、納税をしなければなりません。

そもそも、無申告というのは申告納税という制度の根幹を揺るがす行為ともいえます。そのため、**無申告が発覚したら無申告加算税というペナルティとしての税金が課されます**。

調査により課された場合、原則として、納付すべき税額に対して、50万円までは15%、50万円を超える部分は20%の割合で課されますので、くれぐれも無申告ということのないようにしましょう。

図 61：財産債務調書

FA6102

整理番号 □□□□□□□□

令和 □□ 年12月31日分　財産債務調書

（受付印）

提出用

平成二十八年十二月三十一日分以降用

財産債務を有する者	住所（又は事業所、事務所、居所など）	
	氏名	
	個人番号	□□□□□□□□□□□□ 電話番号（自宅・勤務先・携帯） − −

財産債務の区分	種類	用途	所在	数量	（上段は有価証券等の取得価額）財産の価額又は債務の金額	備考
					円 円	
国外財産調書に記載した国外財産の価額の合計額（うち国外転出特例対象財産の価額の合計額（　　　）円（合計表㉗へ））					合計表㉘へ	

財産の価額の合計額	合計表㉙へ	債務の金額の合計額	合計表㉜へ
（摘要）			

（　　　）枚のうち１枚目

通信日付印（年月日）（　・　・　）

図 62：国外財産調書

FA5102

整理番号 □□□□□□□□

受付印

令和□□年12月31日分　国外財産調書

提出用

平成二十八年十二月三十一日分以降用

国外財産を有する者	住所（又は事業所、事務所、居所など）	
	氏名	
	個人番号	□□□□□□□□□□□□　電話番号（自宅・勤務先・携帯）　－　－

国外財産の区分	種類	用途	所在 国名	所在	数量	（上段は有価証券等の取得価額）価額	備考
						円 円	
合計額						合計表㉖へ	

（摘要）

（　）枚のうち（　）枚目

通信日付印（年月日）（　・　・　）

143 なるほど！ 相続税で非課税になるものはこれだ！

〝社会通念上認められる範囲〟。この文言は、税金の世界ではよく使われているものです。この意味は、一般の人の大半が、「それは当然認められる」と考える範囲を税務上の処理についても認めるというものです。相続税で社会通念上などの理由から非課税として規定されているものは次の通りです。

1. 墓・仏壇・仏像など 相続税はかかりません。これは宗教的、慣習的な意味で持っており、財産として保有しているわけではないという考えのためです。

ただし、純金製の仏壇など、明らかに相続税を逃れようとしているものについては、課税対象となります。

2. 国などに寄附した財産 相続税の申告期限までに寄附した財産は相続税がかかりません。そもそも相続税はその人が持っている純資産の一部を相続という機会に国に税金として納めるものです。公益的な目的で、その遺産を寄附するということと、相続税を納付することは、同じような行為として考えられるのです。

3．生命保険金の一部　生命保険金のうち、法定相続人1人当たり500万円は相続税がかかりません。たとえば法定相続人が3名の場合は、500万円×3名＝1500万円まで非課税となります。生命保険の本来の目的は、残された遺族のその後の生活の保障という意味合いがあるため、非課税としているのです。相続税の対象となるのは、被相続人が死亡した時に支給されるもので、保険料の一部または全部を負担していたのが被相続人の時です。

4．死亡退職金の一部　死亡退職金のうち、法定相続人1人当たり500万円は相続税がかかりません。死亡後3年以内に支給が確定した死亡退職金が対象となります。死亡退職金が非課税となる理由は、生命保険金と同じく、遺族のその後の生活の保障という意味合いがあります。

5．一定額までの弔慰金　弔慰金のうち、次の金額については相続税がかかりません。

（1）被相続人の死亡が業務上の死亡である時
　被相続人の死亡当時の普通給与の3年分に相当する額

（2）被相続人の死亡が業務上の死亡でない時
　被相続人の死亡当時の普通給与の半年分に相当する額

144 財産や負債はどのように金額が決まるのか？

ここでは、それぞれの財産がどのような基準で計算されるかを見ていきます。最初に評価の大原則を紹介しましょう。それは、相続が発生した時の時価によって評価するということです。つまり、死亡した日の時価で評価することになります。

預貯金

預貯金については、相続発生日の残高が評価の基本となります。定期性預金については、預入日から相続の日までの利子分を計算して加えなければなりません。

有価証券

有価証券のうち市場で売買されているものについては、**相続の日の終値が評価の基本**となります。この金額と、相続の日の属する月の平均値、前月の平均値、前々月の平均値のもっとも低い金額で評価することができます。また、市場で売買されていないものについては、その規模や株主の状況などにより、純資産価額方式、類似業種比準方式、配当還元方式のいずれかで評価することになります。

建物

建物については、**固定資産税評価額が評価の基本**になります。この基本金額に、その建物の使用状況によって一定の評価減ができます。たとえば、他人に貸している場合は、借家権割合30％として、その分を減額して評価することになります。

土地

土地については、道路沿いの評価額である路線価をもとに評価する方法と、固定資産税評価額に一定の倍率をかけて評価する方法の2つがあります。市街地については、ほぼ路線価が付されており、その金額に面積をかけて計算します。

路線価方式で評価する場合、土地の形状などにより評価減や評価増が詳しく定められています。また、その土地の利用状況に応じて減額評価することができます。

書画・骨董品

書画・骨董や美術品の評価は、専門家の意見をもとにその時の時価で評価します。

負債

負債については、その時の時価は基本的にその時支払うべき金額であるため、相続の日現在の債務金額をそのまま、負債金額として評価することになります。

145 よく考えて使いたい相続時の配偶者控除

本書でも何度も出てきている税金の世界の特例ですが、相続税においても、配偶者控除が用意されています。その内容は、配偶者が相続により実際に取得した遺産額が、次の金額のどちらか多い金額までは配偶者に相続税はかからないという制度です。

（1）1億6000万円
（2）配偶者の法定相続分相当額

この特例を言い換えると、法定相続分までの遺産を受け継いだ場合、配偶者には税金はかからず、それを超えたとしても受け継いだ純資産金額が1億6000万円までは税金はかからないということです。

亡くなった人とその配偶者は、ほとんどの場合は生活が一体となっており、その財産を築き上げる過程でお互いの協力があったはずです。そのため、税金の世界でも配偶者への相続による移動には、特例が認められているのです。

ただし、この制度を利用するにあたって注意しなければならない点もあります。

① 原則、申告期限までに財産が分割されていること

この制度の適用を受ける際は、**相続税の申告期限までに財産が分割されていること**が要件となります。未分割の場合は、そもそもどの財産が配偶者に相続されるか不明なため、適用を受けることができません。ただし、「分割見込書」など書類を添付した上で、申告期限から3年以内に分割された時は、この控除を受けることが可能です。

② 実は二次相続が大切なので、配偶者控除はバランス良く適用させたほうが良い

夫か妻のどちらか一方が亡くなる際に配偶者控除を使いますが、次の相続のことを考えると配偶者控除を使うことが必ずしも税金的に有利になるとは限りません。

夫の後、妻が亡くなった場合、もし妻が生前から自分独自の財産を持っていて、さらに夫の財産の大半を配偶者控除によって引き継いだとしたら、妻の財産は夫の財産以上に大きなものになります。妻の相続が発生した時には、配偶者控除のような大きな控除制度はありません。

相続税は〝累進課税〟。遺産額が大きくなればなるほど税率も大きくなり、結果として子供に相続税の負担が重くのしかかることになります。夫と妻の2回の相続があることを考えて、配偶者控除を使う必要があるのです。

146 相続税を節税する方法① 土地

相続税の節税の方法はいろいろありますが、一般的な方法として、財産の評価額を下げるというものがあります。

財産の種類によっては、実際に売却した時の価額と評価額で差額が出るケースもあります。

たとえば現預金の場合は、100万円の現預金は100万円の価値として相続財産の金額にカウントされます。

これに対して土地と建物は評価の方法が定められているものの、その金額を下げる方法がいくつかあるのです。

まずここでは〝**土地の評価額を下げる**〟**方法**を見ていきます。

土地は何も使っていないと「**自用地**」（いわゆる更地）として評価額はそのままの金額で計算されます。相続税対策としては、この土地に何らかの権利関係を設定する方法が考えられます。

たとえば、その土地を誰か第三者に貸すと、「**借地権**」という権利が土地の上に設定されるため、自用地評価ではなくなります。

この場合は、貸地評価となり、自用地を100%としたらその地域によって決められた借地権割合だけ土地の評価額が減額されます。

借地権は路線価地図で確認できますが、地域によって90%から30%の割合で設定されています。仮に50%の地域で借地権を設定すると、評価額は50%減を実現できるのです。

ただし、**借地権を設定させるということは、その土地の使用について所有者が自由にできないというデメリット**も生じます。いったん借地として契約を結ぶとその契約を解除するのはとても難しいのです。

また、最近では自分の土地の上に建物を建てその建物を貸す、いわゆる不動産賃貸業として土地を利用するケースも増えてきています。

この場合、借地権は発生しませんが、その上の建物を貸しているため、結果としてその土地の使用にも制限がかかることになります。税金の世界では、そのような土地を「**貸家建付地**」といい、次のような評価減が認められています。

貸家建付地評価額　＝　自用地評価額　×（1　－　借家権割合　×　借地権割合　×　賃貸割合）

借家権割合は、基本的に全国一律30%です。賃貸割合とは、その建物を賃貸にしている割合です。具体的な数値で説明すると、借地権割合50%、賃貸割合が100%の場合だと、（1 － 30% × 50%）＝ 0・85となり、自用地評価の85%の金額で評価することができます。

借地権を設定させると、その契約の解消は大変な苦労を伴いますが、賃貸物件を自分で建て、貸し出すとなると、権利の制限は緩和されます。

このような土地の権利を制限して評価額を落とす方法が相続税対策の一つなのです。

147 相続税を節税する方法② 建物

前項目は、土地の〝名前〟を変えることで、評価減にすることができるというものでしたが、一つ疑問が出てくるはずです。建物を建てたら、その建物分だけ財産が増加するので、節税効果はないのではないか、というものです。

実は、この建物でも**相続税の〝評価〟の方法によって差額が出てくるのです**。

仮に1億の貸付用の建物をすべて借入金で建築したとすると、土地に関しては十数％の評価減が実現できます。一方、財産に関しては1億円の建物が増えるのと同時に、マイナスの財産である借入金1億円が増えています。

ここで相続税の評価です。借入金についてはあくまで1億円のマイナスとして評価をします。

次に建物ですが、建物の相続税評価は「**固定資産税評価額**」によって行われます。

この固定資産税評価額は、たいてい取得した金額の6割から7割程度の金額で評価されます。

さらに、**建物もその使用の仕方によって〝名前〟が変わります**。

自分で使用しているなど権利関係が存在していない建物は、固定資産税評価額×1・0、つまり固定資産税評価額で評価しますが、他人に貸している建物については、借家権という権利があるため、その借家権を評価から除くことになります。よって、次のように計算します。

貸家評価額 = 固定資産税評価額 × 1・0 ×(1 − 借家権割合)

借家権割合は原則30%ですから、その分評価額は小さくなります。

話を1億円の貸家に戻しますと、1億円で購入した建物は固定資産税評価額を仮に取得価額の70%とすると7000万円の建物として評価します。

さらにそれを貸家とすると7000万円×1・0×(1−30%)=4900万円となります。

つまり、借入金1億に対して、建物は4900万円ということになり、その部分だけでマイナスの財産が大きくなり、相続税の節税が実現できるのです。

ただし、この**節税策の注意点は、建築した直後がもっとも節税効果が高くなり、時間の経過とともに借入金返済が進むことにより効果は小さくなっていく**ということです。

建物に関する評価差を利用した節税方法としては、貸家にするという方法が効果的です。

例のように、新たに建物を建築するという方法は劇的に評価減を実現できますが、既存の建物を貸家にすることだけでも一定の評価減を実現することはできます。

ただ、賃貸経営は、建築後の入居率など、経営状況に十分気をつけなければなりません。

148 高層階の評価額の増加はタワマン節税防止になるのか

低金利時代に象徴される不動産投資ブームをあらわす出来事として、首都圏のタワーマンション（以下、タワマン）の平均価額が1億円を超えたという報道がなされています。

富裕層の間では、タワマンを使っての相続税対策が流行っているという情報がネットを中心に出回っているようですが、そもそもタワマンの購入により相続税の節税は可能なのでしょうか？

「タワマン節税」の仕組みはこうです。

タワマンの上層階を取得することで、現金で持っていた財産を土地と建物という財産に換えます。タワマンの土地は、その建物の床面積割合で持ち分が設定されるため、上層階であってもほかの販売価額の低い中層・低層階と坪単価では違いはありません。もちろん、土地は路線価で評価するため時価よりも低くなりますし、建物は固定資産税評価額で評価するため、こちらも時価よりも低く計算されるのはほかの不動産と同じです。

時価が高い上層階を相続の直前で購入し、相続が発生した際には低い評価額で相続税の申告を行い、それが終わったら高い時価で売却するという節税策が流行っているのです。

この節税策は、あくまで合法的な手段として行われていましたが、課税当局もただ指をくわえて見ていたわけではありません。実際、行き過ぎた節税の事例については、税務訴訟で納税者が負けている判例もあるのです。このような節税手法をとることができるのはいわゆる富裕層であるため、この課税の穴をふさぐことを目的として税制改正が何度かにわたって行われています。

まず、平成30年度からは、新たに課税される居住用高層建築物（高さが60ｍ超）に係る固定資産税・不動産取得税について建築物全体の固定資産税額を按分する床面積の割合について、1階を100とし、1階増すごとに10／39を加えた補正率で計算するという改正がなされました。この改正では、高階層の方は評価額が大きくなり、低階層の評価額は少なくなります。しかし、1階と40階での評価額の差額が10％程度なので、実際の売買価格から考えると、相変わらず相続税の節税ができていたのです。

そこで、さらに**令和6年1月1日以降のタワマンの相続についてルールの変更が行われました。**評価の方法自体はかなり複雑なためここでは詳細はご紹介しませんが、単純化してその一部を表すと、次のような計算になります。

現行の相続税評価額×マンション一室の評価乖離率×0・6（最低評価水準）

今回のルール変更の影響を簡単に説明すると、いままでの評価方法では時価1億円のタワマンが3千万円程度で評価できたものが6千万円程度まで評価額が引き上がるだろうと予想されています。ただ、この改正があったとしても資産評価を6割にできるのであれば節税効果は残っているともいえます。行き過ぎた節税にはこうしたルール変更が行われるという典型例だともいえるでしょう。

149 海外財産には相続税はかかるのか

以前はもっぱら富裕層が行っていた、海外資産への投資ですが、最近は一般の方でも投資している方は増えてきたようです。

現在、日本の超低金利の状況からすると、海外での高金利商品は魅力的に思えるのかもしれません。しかし、海外への投資は言葉の壁や法律の違いなど様々な要因があり、難しいのも事実です。

海外に投資する理由は様々ですが、そのなかで海外財産については相続税がかからないと思っている方も多いのではないでしょうか。

海外に保有している財産については、一定の条件のもと課税されないのは事実ですが、簡単にはいきません。言い換えるとほとんどのケースでは、海外財産は相続税の対象となるのです。

日本の相続税は、亡くなった人、遺産を相続する人（相続人）のどちらかが日本に住んでいる場合には、海外の財産にも課税され、相続人が日本国籍を有している場合も同様に相続税が課されます。

では、海外に移住してしまえば、相続税の対象から外れると考える方もいると思いますが、そう簡単に日本の相続税からは逃げられません。それは、〝**10年ルール**〟というものがあるからです。

これは、亡くなった人が、日本を離れてから10年を経過していない場合には、海外の財産も日本の相続税の対象となるというものです。平成29年3月31日までは、移住して5年経過することが相続・贈与税が課税されない条件だったため、5年間は海外で我慢して居住して、その後贈与する人が増えたようで、結局は税制改正で10年に延長されたのです。

よく「海外財産は税務署に見つからない」という噂を聞くことがありますが、これについては対策が講じられています。

一つは、**国外財産調書の制度**です。この制度は、その年の12月31日において、価額の合計額が5000万円を超える国外財産を有する者については、その財産の種類、金額、所在（国名）などを翌年の3月15日までに所轄税務署長に提出しなければならないというものです。もし、正当な理由がなく提出をしなかった場合には、1年以下の懲役又は50万円以下の罰金に処すると厳しい罰則も設けられています。

また、もう一つは、外国との自動的情報交換制度により、海外の口座に関するあらゆる情報が日本の国税庁に提供されることとされており、その対象国は徐々に増加しています。

税務当局は、特に富裕層の海外財産の情報収集に力を入れており、節税だけを目的とした安易な海外投資は控えたほうが良さそうです。

150 海外に住んでいたら相続税はかからないというのは本当か

相続税が増税される中、富裕層を中心に海外に財産を移動させる人が増えています。また、最近では財産の移動だけではなく、その人自身が海外に移住するという人も増えているようです。

〝節税〟のためだけに海外移住する人は多くないと思いますが、実際、海外に移住すると相続税はかからないのでしょうか。

相続などで財産を取得した時に外国に居住していて日本に住所がない人は、取得した財産のうち日本国内にある財産だけが相続税の課税対象になります。

ただし、次のいずれかに該当する人が財産を取得した場合には、日本国外にある財産についても相続税の対象になります。

1　財産を取得した時に日本国籍を有している人で、被相続人または財産を取得した人が被相続人の死亡した日前10年以内に日本国内に住所を有したことがある

2　財産を取得した時に日本国籍を有していない人で、被相続人が日本国内に住所を有している

要するに日本国籍を持たない人か、相続人・被相続人ともに10年超海外に住んでいる人でなければ、国外にある財産についても相続税（贈与税も）が課税されるということなのです。実は平成29年3月31日までは居住年数の要件は5年でした。これが10年まで延ばされたのです。

海外に財産を持っている場合でも、いわゆる日本人である限り、相続税・贈与税は課税されると考えて良いでしょう。

151 適用できれば大きな減額　小規模宅地の特例

この項目では相続税の居住用土地の特例、さらに事業用に使用している土地の特例について説明します。

それら相続税の特例が認められている土地を小規模宅地といい、その特例を〝**小規模宅地の特例**〟といいます。この小規模宅地の特例は、亡くなった人が居住用として使っていた土地や事業用として使っていた土地を相続した人が同じような目的で使用する場合、評価減を認めるというものです。そのため、特例を適用するためには使用していた目的、誰が相続するか、その後の使用状況など、いくつかの要件を満たしていなければなりません。また、〝小規模〟というくらいですから、この特例を適用できる宅地の面積は限られています。亡くなった人が事業で使用していた土地を特例のうち「特定事業用」といいます。**不動産賃貸業の場合は、「貸付事業用宅地」（次ページ図63の注）となり、50%の評価減ですが、特定事業用となると80%の評価減が可能**です。次に「特定居住用」は、亡くなった人が居住用として使用していた宅地に対す

図63：小規模宅地の内容

利用状況	小規模宅地等の区分	減額面積	減額割合
事業用宅地等	特定事業用宅地等	400㎡	80%
	貸付事業用宅地等	200㎡	50%
居住用宅地等	特定居住用宅地等	330㎡	80%

（注）「貸付事業」とは、「不動産貸付業」「駐車場業」「自転車駐車場業」及び事業と称するに至らない不動産の貸付けなどで相当の対価を得て継続的に行う「準事業」をいいます。

るもので、その評価減は80％です。生計を一にする配偶者が相続した場合には、その適用は認められますが、配偶者以外の相続人が相続した場合には、様々な要件を満たしていなければ適用できません。特定居住用宅地の特例を受けられるのは、その宅地で相続した人が亡くなった人と同じく生活の本拠として使用し続けることが要件となります。生活の基本となる財産という意味合いから、大幅な減額が認められているのです。また、複数の小規模宅地に該当する場合、その限度となる面積は調整されます。

特例をどの土地に適用させるかで税額も変わりますので、適用に際しては事前検討が必要です。

152 相続した不動産は早めに売却すれば節税になる

ここでは、支払った相続税を取り戻す方法を紹介します。相続税を取り戻すといっても、直接税務署から還付を受けられるわけではありません。

この**特例の対象となるのは、相続を受けた土地、建物、有価証券など**です。相続を受けた財産を一定期間に売却をすると相続税額のうち一定金額を譲渡資産の取得費に加算できるのです。

資産の売却に伴う、譲渡所得の計算はすでに紹介した通り、

譲渡所得＝収入金額－（取得費＋譲渡費用）

です。

このうち、取得費に関して一定期間内の売却であれば、次ページの計算式で計算した相続税の金額を加算できる、つまり、相続税を間接的に取り戻せるのです。

図64：相続または遺贈により取得した財産を売却した場合、取得費に加算する金額の計算式

その者の相続税額 ×

$$\frac{\left[\text{その者の相続税の課税価格の計算の基礎とされたその譲渡した財産の相続税評価額}\right]}{\left[\text{その者の取得財産の価額}\right]+\left[\text{その者の相続時精算課税適用財産の価額}\right]+\left[\text{その者の純資産価額に加算される暦年課税分の贈与財産の価額}\right]}$$

＝ 取得費に加算する相続税額

土地・建物や株式などを売った人にかかった相続税額のうち、譲渡した不動産や株式などに対応する額（図64の計算式）が取得費に加算されます。

この制度の適用を受けるためには、次の要件を満たしていなければなりません。

・相続や遺贈により財産を取得した者であること
・その財産を取得した人に相続税が課税されていること
・その財産を、相続開始のあった日の翌日から相続税の申告期限の翌日以後3年を経過する日までに譲渡していること

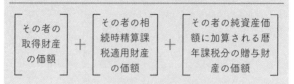

つまり、相続税が課税された財産を売却しようとするならば、3年以内だと所得税の節税ができるのです。

土地については、平成26年12月31日までは、相続等したすべての土地に関する相続税額が控除の対象として計算ができていました。しかし平成27年1月1日以後は、譲渡した土地にかかる相続税のみが対象となりました。

153 相続したら借金しかなかった場合はどうする?

相続税は財産がある人に対して課税されますので、借金しかなかった場合に税金の心配はいりません。

しかし、借金という支払義務は相続することになりますので、もし、そのようなケースになった場合には、「相続放棄」をするという手段もあります。

相続放棄とは、相続に対して一切の権利義務を放棄することをいいます。それによって、借金を支払う義務はなくなりますが、財産を受け取る権利もなくなりますので、財産が少し残っている場合でもそれを受け取ることはできません。

この相続放棄については、**被相続人(故人)が亡くなったことを知った日から3カ月以内**という期限が決められています。具体的には、被相続人の住所地の家庭裁判所に、相続を放棄する旨の申述書を提出することで放棄ができます。

また、意外に知られていないのが「保証債務」です。誰かの債務を保証する契約のことをいいますが、これも相続されます。

この保証債務も相続放棄で、その義務をなくすことができます。相続のことは生前に、きちんと話し合いをしておきましょう。

本書は、小社より刊行した『知れば知るほど得する税金の本』を、加筆、改筆、再編集したものです。

出口秀樹（でぐち・ひでき）
税理士、米国税理士（EA）。BDO税理士法人札幌事務所代表社員、株式会社ドルフィンマネジメント代表取締役。

1967年北海道札幌市生まれ。1991年北海道大学文学部卒。1998年5月、出口秀樹税理士事務所、開所。より広い専門知識を身につけるため、小樽商科大学大学院商学研究科入学、2005年修了。

中小企業の税務・会計・経営のサポートを行うとともに、個人の税務対策などにも積極的に取り組んでおり、その内容は多岐に及ぶ。経営管理者向けの分かりやすい財務分析や財務三表の読み方などをテーマとしたセミナー講師としても活躍中。

著書に『知って得する領収書の本』『知れば知るほど役立つ会計の本』（以上、三笠書房《知的生きかた文庫》）、『事業存続のためのM&Aのススメ』（共著、中央経済グループパブリッシング）など多数がある。

BDO税理士法人札幌事務所
北海道札幌市豊平区平岸3条14丁目1番25号
CRUISE BLDG. 2階
HP　https://www.bdotax.jp/ja-jp/home

知的生きかた文庫

知《し》れば知《し》るほど得《とく》する税金《ぜいきん》の本《ほん》

著　者　出《で》口《ぐち》秀《ひで》樹《き》
発行者　押鐘太陽
発行所　株式会社三笠書房
〒一〇二-〇〇七二　東京都千代田区飯田橋三-三-一
電話〇三-五二二六-五七三四〈営業部〉
〇三-五二二六-五七三一〈編集部〉
https://www.mikasashobo.co.jp
印刷　誠宏印刷
製本　若林製本工場

ISBN978-4-8379-8839-7 C0130

知的生きかた文庫

マッキンゼーのエリートが大切にしている39の仕事の習慣
大嶋祥誉

「問題解決」「伝え方」「段取り」「感情コントロール」……世界最強のコンサルティングファームで実践されている、働き方の基本を厳選紹介！　テレワークにも対応!!

自分を劇的に成長させる！PDCAノート
岡村拓朗

「PDCA」は1冊のノートで誰でも回せる！「見える化・仕組み化・習慣化」の3つのルールで、仕事の質とスピードが高まり、成長速度もアップ。これなら回せる、人生が変わる!!

脳科学的に正しい英語学習法
加藤俊徳

脳の仕組みを使えば、英語はムリなく身につく！「単語は自分がよく使うものから覚える」「ネット検索で速読力を鍛える」他、超英語嫌いを克服した著者による驚きの英語学習法!!

なぜかミスをしない人の思考法
中尾政之

「まさか」や「うっかり」を事前に予防し、時にはミスを成功につなげるヒントとは――「失敗の予防学」の第一人者がこれまでの研究成果から明らかにする本。

外資系トップコンサルの「聞く」技術
清水久三子

仕事の成果は「聞き方」で決まる！「相手の斜め前に座る」「なぜ？ではなく…とおっしゃいますと？」「共感を呼ぶペーシング」他、一流コンサルならではの「聞き方」テクニック満載!!

C50481